戦略質問

短時間だからこそ優れた打ち手がひらめく

金巻龍一
Kanemaki Ryuichi

東洋経済新報社

はじめに

「戦略コンサルティングに3カ月もかけているが、そのうちの8割は、お客様の経営者にお会いして40分で浮かんでいた」

これは、事業会社の経営者からコンサルティング会社の代表に転身されたある方が、あるとき、ふと口にされた言葉である。かなりの衝撃を受けると同時に、心のどこかでたしかに同じような感覚を覚えた。

それからそれなりの年月が経った。どうしてもあの言葉が忘れられない。ふと思い立って、かつてのコンサルティング会社時代の仲間や、競合だったファームの代表や役員たち総勢20名くらいと個別に話をした。驚いたことに、誰もがこの40分の話には強い賛同を示す。

では、なぜ今でも数カ月を費やしているのかと尋ねてみると、「顧客が求める戦略の文書化、そのための情報収集、ディスカッションの準備と実施、そして何よりも社内の意見調整におびただしい時間が費やされている」という答えが共通で返ってきた。

ただ、戦略策定プロジェクトのオーナーとしての経営者は、本当にそれを望んでいるのだろうか。たとえば、顧客が経営企画部のようなところであればよくわかる。経営者からどんな質問を受けてもきちんとしたことが即答できるよう、大量の情報と論理展開が必要だろう。

しかし、顧客が経営者の場合は、もしかしたら、さっと1、2枚の資料で議論したいのではないか。


戦略を常識はずれの短時間で描くという発想に、古くから「ウォールーム」という考え方がある。何か一大事があったときに、少人数で打開策をまとめあげるというものだ。グローバル企業の中には、こうしたウォールームの考え方がプログラム（実行方法）として標準化されていることが多い。だとすれば、このウォールームを、数カ月を費やす戦略策定プロジェクトの代替手段にできないかと考えてみた。

その実験、さらにはサービス化と展開は、Tryfunds（以下、トライファンズ社）という会社が支援してくれていて、彼らのサービスは「The Decision」と名付けられている。

彼らの顧客の多くは、現状打破のために新規事業を打ち立てたり、M&Aや海外進出を仕掛けたりするなど、答えがない中で、短期間で戦略を打ち立て、素早く進む必要がある。

にもかかわらず、前に進めなくなっている顧客企業がある。その多くは、すでに戦略を打ち立てるには十分すぎるほどの情報をもっていたり、やりたいことはあるが何から始めればよいかがわからないために動けない状況に陥っていたりするケースだという。

とがった戦略には「トップの決断」が必須、という考え方のもと、40分程度で会社の戦略を浮かび上がらせ、その決断をうながすというコンセプトで、彼らとの実験が開始された。

果たして、このようなサービスを企業が受け入れることができるのかと不安でもあったが、実際にやってみると大盛況。逆に経営者の方々から「君たち、やっと気づいたか」といわれる始末である。経営者の皆さまには、これまでの数カ月におよぶ戦略策定プロジェクトで課してしまっていた忍耐への今さらながらの苦言と、本サービスへの励ましの言葉をいただいている。

実際のサービスでは、その会社の経営企画の方が驚かれるくらい、経営者の方との丁々発止がおこなわれる。本来は、それを赤裸々にご披露したいところだが、守秘義務もあり、そうはいかないのが本当に残念なところである。

本書では、トライファンズ社とのこの実験の雰囲気をお伝えするとともに、従来の大上段の戦略策定方法とは趣を異にした、小規模かつ超短期間での戦略策定の切り口について議論させていただきたいと思っている。

なお、本書では「戦略」という言葉が頻繁に使われている。戦略と一口にいっても、事業ポートフォリオ再編やマネジメントモデルの再整備、昨今ではＤＸなどといった経営戦略もあれば、特定市場への参入や商品化などの事業戦略、さらには、調達戦略や販売戦略、人事戦略といった個別戦略などなど、いろいろな種類、さらには粒度がある。しかしここは厳密に考えず「戦略」とした。あくまで、戦略を立案するというプロセスにおいて、「考える」プロセスが置き去りにされてしまっている、ということを議論させていただきたい。

文中に「グローバル企業」、「日本企業」という言葉が多数使われているが、これはふたつを比較したいわけではなく、「世界標準」と「日本独自」に読み替えていただけるとありがたい。

また、さまざまな「問いかけ」が出てくることに気づかれると思う。この問いかけの相手は経営トップになっているが、ここは「読者の皆さま」に置き換えてお答えいただければ幸いである。

2021年10月

金巻龍一

もくじ　戦略質問

第5章 ジャイキリへの挑戦

第1章

戦略立案には本当に3カ月かかるのか

「戦略」のインフレ、工業化、同質化

読者の皆さまは「戦略」という言葉を聞いて、どういうイメージをおもちだろうか。ひと昔、いやふた昔前だったら、「組織の偉い人がつくるもの」だったかもしれない。企業の戦略となれば生命線であり、それゆえ「神聖で厳かなもの」だったかもしれない。

しかし、今はどうか。何かにつけて「戦略」という言葉が使われ、あちこちで目にする。まるで日常茶飯事だ。でも、別にすべての人の戦略立案能力が急激に高まった、というわけではないだろう。戦略という言葉そのものが軽くなってきたのだと思う。

ちょっと何かするにでも「○○戦略」という名前がつく。だが、「戦略」と名前をつけてまとめられたものが、本当に戦略性をもっているかには大きな疑問が残る。

そして「コアコンピテンス」「競争優位の源泉」などといった、同じ意味でありながら違う言葉として使ってしまいやすい戦略用語が乱発されてしまう。さらに、「ブルーオーシャン戦略」「プラットフォーム戦略」などと続いていく。

昨今、個人的にすごく懸念していることが、戦略立案作業の過度な「工業化」である。この場合の工業化とは、戦略の立案に必要な作業が細かく分けられており、決められた手順通りやっていくと、戦略が立案できているようにするというものである。いわゆる方法論化である。

筆者もある意味その片棒を担いでしまっているのかもしれないが、書店に行けば「コンサルタントの仕事術」のようなものが棚に並び、一方では、戦略立案方法論として「戦略のつくり方」が細かく書かれていたりする。そのお作法通り作業をしてみれば、戦略の形をしたものはまとめられるだろう。ポジティブに考えれば、経営者でなくても、専門コンサルタントでなくても、誰でも戦略が立案できるということであり、いわば戦略立案の民主化に貢献できているのかもしれない。

だが、こうした手順書は、建設作業やＩＴの開発など、「何かを構築する」という場合には適していると思うが、「発想」にまでこれを持ち込むのには違和感がある。作業をこなすことに気がとられ、「全体を俯瞰していたら、急にひらめいた！」なんてことにはなりにくいのではないだろうか。なんとなく、きれいに惣菜が並べられただけの「幕の内弁当」を食べているような気がしてしまう。競争に勝つための発想よりも、社内の意見の取りまとめになってしまうのではないか。

工業化に次いで、もうひとつの懸念は「戦略の同質化」である。

その昔は、海外の市場やそこでのプレイヤーの競争力を知りたければ、現地に赴き何日も調査しなければならなかった。でも今は、インターネットで調べればたいていのことがわかる。また、そうした情報を上手に整理し、公開してくれているサイトもある。どこの会社も、同じ情報を使い、同じような手順で同じような形式で戦略をまとめる。だから、どの会社でもそれが似通ってくるのは当然のことだと思う。その会社の戦略を教えてもらう前から、おおよその想像がついているということも珍しくない。

その戦略に「決断」の匂いがするか

ついでにいえば、経営戦略と経営計画の混同も気になる。

本来は、戦略があって、それを実行するために計画がつくられる。だが、そうではなくて、目標数字から組み立てられた計画が先にあり、そこに書かれた数字と現在とのギャップを解消するために戦略が考えられているような気配を時々感じる。

筆者がコンサルタント業界にいて若手と呼ばれていた頃のある日、ある方から「おい、戦略屋、戦略ってなんだい？」と唐突に聞かれたことがある。この方は長年営業をやってこられた方で、営業については神様だといわれた方だった。もちろんご本人は戦略がなんであるかは感覚的に理解している。どこかの講演の原稿をつくっていて、その言語化に困っているようだった。

とっさに「経営資源（ヒト、モノ、カネ）の集中化です」と慌てて答えた。それを聞いた彼は、「経営資源を、いつ、どこに、どれだけ、集中化させるかだな」とつぶやいた。今だったら「選択と集中」くらいのことをいっただろう。

筆者は、ふとそのとき、「経営資源を集中させるということは、優れた戦略には欠点があるんだな」と悟った。つまりは、弱点を許容し、そのことにより強化された長所のほうで勝つということになる。それでももし勝てなかったときは、何もしなかったときよりもダメージは大きくなる。したがって、そこには組織としての重い決断があることにも気づいた。

筆者は個人的に、「判断」と「決断」は似ているようで、かなり違うものだと考えている。だから、自分なりに気をつけてこれらの言葉を使い分けている。もちろん、国語の大家でもなんでもないので、個人的な見解とつけ加えさせていただく。

「判断」の場合、そこに合理的な理由があり、ある意味、論理的にその決定の正しさが周りの人にも理解できるような場合だと思っている。一方、「決断」のほうは、どっちに転んでも一長一短があり、どちらに決めてもリスクが残る。だから、誰かが「リスクを負って」どちらかに決めなければならないものだと思う。

誰もがリスクを負うことを避け、その判断を上層の人に委ねていく。そうなると最後にそのリスクを負うのは、経営トップになる。だから、経営トップの仕事は、どちらかの選択を迫られ、でもそれを判断するロジックが見つからない状況で、自分の責任をかけて「決断」をすることになる。

ここでは経営トップとしているが、事業部の戦略であればそのトップは事業部長になるだろうし、部門の戦略であれば部長ということになる。いずれにせよである。正しく戦略が立案されれば、そこには何かしらのリスクがあり、それが承認されるということは、意思決定者の「決断」が大なり小なりあるということになる。

したがって、企業の戦略を確認する際には、それが誰によるどんな決断により成立したものかを考えてみることにしている。

戦略は、紙に表現しきれるものなのか

「パワーポイントにきれいにまとめた戦略を、いざ実行に移したらトラブルの嵐なんですよ」

これは、ちょっと前にもらった、昔の同僚からの近況報告のメールにあった言葉である。彼はコンサルタントを卒業したのか、それとも留学したのかは定かではないが、現在、事業会社の経営企画部門で戦略を立案し、実行させようとしている。

そのメールを読んで、筆者は若干の違和感を覚えた。それは、「資料＝戦略」と読めることであった。

「彼は、戦略は紙に表しきれると思っているのではないか」という疑問が浮かぶ。その資料は多くて数十枚くらいだろう。場合によっては2、3枚のものかもしれない。戦略の本質はそんな簡単に表現できるものではない。いや、紙に表しきれるものではないと個人的には思っている。

オーナー企業の経営者などと話をしている最中、突然ズバッと「ちょっと教えてくれる

かな」と切り出されるときがある。そんなときは、できるだけ簡潔に質問に答える。なぜなら、おそらくその経営者は、会話をしているうちに、自分の頭の中にアイディアがひらめき、そこからある仮説が浮かび上がり、それを検証しようとしている、そう思えてならないからである。その質問に答えると、さらに矢継ぎ早に質問がくる。

そして、あるところまでくると「つまりこういうことだな。うん、おもしろい」というような感じで自己完結される。まさに自分の中で発想し、それが「腹落ちした」ということだと思う。

また、経営者によっては、誰かに説明された資料を、会議室に無意識に置いて帰ってしまう場合がある。あるいは、同席した社員に自分の分の資料を渡してしまう人も少なくない。それはなぜか。もちろん、内容がない資料なのでもって帰るに値しないという場合もあるだろうが、どうもそれだけではなさそうだ。自分の頭にきちんと入ったので、もう資料は不要、という感じだと思う。この傾向は、組織の中で職位が上がるほど強いように思われる。「本当に理解できたものは、忘れることがない」といわれるが、まさにそういうことなのだろうと思う。

先の話に戻ると、「パワーポイントできれいに書かれた戦略」は、その戦略の本質や意義をどこまで伝えられているのだろうか。おそらく頭のいい人が書いたので、ポイントは簡潔にまとめられているだろうし、わかりやすい絵や表も入っているに違いない。ただ、やはりそれでは、本当のところは理解できないだろう。戦略に限らずなんでもそうだと思うが、その議論に参加し、攻める部分と妥協せざるを得ない部分で鎬《しのぎ》を削ることで、やっと腹落ちするようなものだと思う。つまり、資料が戦略の実現に関与できる部分は、考えられているよりずっと少ないという気がしている。

職業柄、その会社の新しい戦略を経営トップの方々からお聞かせいただく機会が多い。「発想はこれでいいと思うが、実行が大変なんだよ」とよくいわれる。そんなとき、筆者は次のような問いかけをしている。

Question

この戦略の成功により、社員はどのような恩恵を受けますか？

筆者は長年、M&A後のシナジーを創出させるPMI（ポスト・マージャー・インテグレーション）に従事していた。戦略や計画がいくら論理的によくできていたとしても、組織の底辺には複雑な感情が流れている。論理を超えた感情の理論がそこにある。いや、無限の変数をもつ理論がそこにある、といったほうが正しいかもしれない。レイオフがあるとの怪情報に怯える社員とその家族の方々、ふたつのポストがひとつになって今のポストを失いかねない管理職の方々、M＆Aへの恨みからのブラックメールなどなど、個人にとっての切実な問題がそこにあった。そんな雰囲気の中で、新しい戦略が語られても受け入れられない。

戦略の実行力を担保するものは、戦略そのものの内容や、その説明の明確性（説明力）だけでは到底ないと感じるようになってきた。社員が戦略を理解したかどうか以前の話として、当事者にワクワク感が乏しい（戦略に自分の夢が見えない）のでは、変革が大きくなるほど難しいと思う。

欧米では、戦略の実行方法を議論するようなときに、「ＷＩＩＦＭ（ウィーフム）」という言葉がよく使われる。これはWhat's in it for me? という文のそれぞれの単語の頭文字をとったものである。日本語でいえば「いったい自分にとって、それがなんの恩恵をもたらすの？」という感じである。

戦略を現場に浸透させる場合に、個人個人の「ＷＩＩＦＭ」を説明できることが重要だ。

そのために、戦略そのものにそれを組み込んでおかなければならない。

戦略の発想と実現はどちらが偉いのか

昔の同僚からのメールに話を戻すと、そこにはもうひとつの違和感があった。

それは「戦略はいつもきれい」だが「実行はきれいにはいかない」というようにも読み取れたことである。これは逆読みすれば「戦略の内容よりも、実行のほうが大事だ」というようにも聞こえる。さすがに、ここで「戦略と実行は自転車の両輪」と青臭い話をする気はないが、戦略が「勝つための方法」であれば、実行はその戦略の実装であり、当然両方が必須である。だから、どちらが重要かという議論は本来ナンセンスである。

だが、筆者は時々、あえて、経営者の方に「あなたの会社の企業文化は、戦略の内容と実行のどちらを重要視しますか？」と問いかけることがある。

この問いかけへの回答は、往々にして、先の「自転車の両輪理論」に矛盾を来すことがある。読者の皆さまも想像されるとおり「実行」だとお答えいただくことが多い。まあ、戦略はいってみれば発想であり、一方、その実現は、先に述べたように、組織の底辺に流れる感情をコントロールするいわば重労働がともなう。発想よりも実行のほうが比較にならないほど難しいということかなと思う。

ここで問題なのは、実行を重視するあまり「戦略はほどほどでいい」という雰囲気になってしまいやすいことである。ときおり、若手社員が熱く戦略論を戦わせているところに上司が来て「戦略とかどうでもいい、重要なのは実行だ」という場面を見る。この叱咤激励が、戦略ばかりにとらわれ、実行とのバランスが崩れているものを修正する、愛の鞭であれば素晴らしい。が、もしそうでないとすれば、得てしてそういう企業は、実行までもが行き当たりばったりになっている気がする。

戦略を揶揄するときに、よく「机上の空論」という言葉が使われる。特に日本では「考えるよりアクション」の風潮が、高度経済成長期時代には相当強かったし、それがある意味正しかったりもした。そして今もその雰囲気が続いてしまっている気がする。

ただ、ここは強調しておきたい。机上で勝てない戦略が、実行で勝てるというのは非論理的である。たとえ勝てたとしても、それは運頼みだといえないだろうか。

「机上では100%勝てる」、まずそれがある。そしてそれを実行に移す。実行してみると、想定外のことが起こる。その対応をしながら進めていく。戦略立案のときには想定していなかった事実が判明する。戦略そのものに修正が必要なのか、それとも対応策を施して進むかを考える。チェックポイントで状況を確認する。結果として、目的が達成できなかった場合もあるだろう。しかし、だからといって「戦略なんかつくらなければよかった」とか、「どうせ100％実行できなかったのだから、戦略なんてほどほどでよかったんだ」とは絶対にならないだろう。少なくとも、論理的には勝てるものであったならば、最初から運任せにやるよりははるかに勝算はある。

何よりも、自分たちが考えた戦略のどこが間違ったのか。現状の把握（前提の置き方）なのか、モデルそのものなのか、その導入の不備なのか。戦略が明快であれば、それが通用しなかった場合でも、問題点を明確に把握できる。これを繰り返していけば組織としての知見になっていく。良質の戦略、そしてその理解は、組織を時間とともに強くしていくことになる。

この机上の話を考えると、ラグビーのことを思い出す。

「ゲームプラン」という言葉がある。ラグビーの試合で、監督が選手をグラウンドに送り出す際、「勝敗の責任は監督である私にある（選手の君たちに勝敗の責任はない）。君たちの責任は、ゲームプランをそのとおりに遂行することにある」ということがある。これからプレーする選手たちが、「君たちに勝敗の責任はない」といわれるのは、読者の皆さまは「どうして?」と戸惑われるかもしれない。これはこういうことである。

ゲームプランは、相手にこうやって勝つという道筋をまとめたものだ。各プレイヤーが、ゲームプラン遂行のための自分の役割をきちんと果たしてくれさえすれば、論理的には100%勝てるというものである。

だから「机上」では100%勝てるプランをつくる。それを選手たちに理解させ、実際の試合でもそのとおりできるようにするために練習をする。試合前に監督が選手を送り出すときにいう言葉は「ゲームプラン通りやってくれればいい。(もしゲームプラン通りやって)負ければそれは自分(監督)の責任」というものである。

つまり、戦略の責任は監督、戦略通りやったかの責任は選手、という考え方になる。その試合に負けたとすれば、敗因は、ゲームプランが間違っていたのか、それともゲームプラン通りにできなかったからなのかを考える。

「勝ちに不思議の勝ちあり、負けに不思議の負けなし」というように、ゲームプランという基準(仮説)があったからこそ、負けた場合の理由がわかり、それが知見としてチームのものになる。このあたり、スポーツとビジネス、共通点は多いと思う。

戦略(ゲームプラン)が机上で100%勝てないとすれば、それを実行すれば、勝利は偶然頼みになってしまう。

「あるべき姿」病にかかっていないか

読者の皆さまが家を建てるとしよう。「いかなる制約も考えずに、とにかく自分の理想を描いてください」といわれたら、どんな家が頭に浮かぶだろうか？　「ええと、都心からちょっと離れた郊外で、子供2人が自分の部屋をもてて、お客様が来たときのベッドルームもあって、4LDKくらいで、BBQができるくらいの広さの庭があって……」という感じになる人がいる一方、「いつかテレビで見たビバリーヒルズのプール付きの豪邸みたいに……」という感じになる人もいるだろう。前者は、いくら制約を設けずに、といっても「そうはいっても」とその人の常識が勝手に働いてしまっている状況で、後者のほうは、「どこかにすでに存在するもの」がイメージとして語られている。

「あなたの会社のあるべき姿はなんですか？」

これは戦略立案のときのインタビュー項目で、もっともポピュラーなもののひとつであろう。この質問の主旨は、すごく重要で意義あるものだと思う。ただし、いきなりそんな大上段な質問をされて、それにスラスラと答える人がどれだけいるだろうか。

これは尋ねる人は天国だが、答えるほうが相当に困るタイプの質問だと思う。というのは、どのレベルの話を、どれくらいの粒度で話せばいいのかわからない。だから、場合によってはお互いに見合ってしまい、なんだか妙な空気になってしまうかもしれない。もし私が誰かに同じ質問をされたら「この人ちょっと面倒な人だなあ」と苦手意識をもつだろう。

相手の考える「あるべき姿」は確認したい。でも「あるべき姿」という言葉を出すと、どこかよそ行きの回答が返ってくるかもしれない。

そんなとき筆者は、こんな問いかけをすることがある。

「(経営トップである)あなたの個人的な野心はなんでしょうか?」

会社のことでなく、その人の人生、つまり個人のことを、あえて尋ねてみる。会社の代表としての「公の自分」から一歩降りていただくと、どんな楽しみがそこにあるのかを聞かせていただくということになる。回答は、相手の個性がよく表れていて、いつもおもしろい。

「何がなんでも○○社を叩きのめしたい」「日本企業の製品の優秀さで、中国の生活者たちを感激させたい」等々、具体的かつ過激なコメントがきたりする。そこには社会の要請とか生活者の潜在ニーズといった高邁な話ではない、あくまでも個人としての野心、いや野望が出る。

そして、そのひとつを取り上げてみて、「では、その野心を実現するとしましょう。そのために、今、この会社に必要なものをひとつだけあげるとすれば、何になるでしょうね」といった感じで、徐々に会社に紐づけていく。

「会社としてのあるべき姿」などと形式張らずに、「経営者個人としての野心」を聞いてみる。そこでの生々しい話には、あるべき姿を考えるための思わぬヒントが眠っていたりする。

この問いかけは、会社組織の職位が高い人ほど、自由に話をしてくれる傾向があるように思える。もちろん、相手の個性に注意しながら、気をつけて話をしなければならないわけだが、筆者はこの問いかけがいつも楽しみである。

読者の皆さまが会社組織に所属しているとして、経営トップの個人としての野心はどんなものだと推察されるだろうか。

余談だが、かつて、筆者はＩＢＭとは競合となっていたＰｗＣコンサルティングに属していた。ところが、突如、そのＩＢＭから買収を受けた。その際、両者でのビジョン策定のミーティングを目の当たりにした。そのとき日本のＰｗＣコンサルティングの代表だった倉重英樹氏は、当時のグローバルサービス部門のトップ（のちのＩＢＭの社長）に、「ビジョンでなく、我々にとってのこの統合の野心（アンビション）をまず語ろう」と提案した。ビジョンというとどこかおとなしい感じがする。野心となると、何かを成し遂げてみせようとの思いがそこに入る。米国人のそのトップはそれを快諾し、議論が進められた。

その議論をもとにアンビションが整理された。おそらくあのとき、ビジョンからいきなり議論を始めたら、もともと相互に敵対意識をもっている組織同士、それも両社まったくカルチャーが違うので、結論のつかない空中戦になっただろう。

「我々の野心はなんだろうか」と尋ねられたために、「ＩＢＭ対ＰｗＣ」が『『ＩＢＭ＋ＰｗＣ』対『競合』」という図式になったのかなと思われる。さらには「ＩＢＭ＋ＰｗＣ陣営と社会」という形で議論すれば、それがビジョンにつながったであろう。

ついでに、この「あるべき姿」で私の好きな話がある。内田洋行にチェンジワーキングというワークスタイル改革のサービスがある。そのサービスを開発したリーダーの平山信彦氏とその一門は、あるべき姿でなく「ありたき姿」という言葉をあえて使っている。「あるべき姿」と「ありたき姿」は違うか。あるべき姿というとどこか冷静な自問自答に聞こえる。一方、ありたき姿というと、「そうなりたい」という意志やパッションが感じられる。言霊というが、言葉の選び方というのは大事だと思う。

大人数プロジェクトでの戦略立案の難しさ

職業柄、企業の戦略立案プロジェクトを見ることが多い。

先にも述べたとおり、巷には、戦略の立案方法をテーマにした書籍が溢れ返っており、そのアプローチ方法を習得されている人が驚くほど多い。

そうなると当然のことながら、どこに行っても、議論のアジェンダが「経営環境の認識の整理」「あるべき姿」「課題の整理」となる。ここまではＷＨＡＴの整理だ。全然間違いではない。そしてさらに、「解決策のオプションの整理」みたいなものになり、このあたりからHOWの議論が始まる。そして「解決策の整理」、「解決のステップ（もしくはアプローチ）」、「スケジュール」、「体制」と続くことになる。

私が目にする多くの光景は、後半のHOWの部分になると一気に議論が活性化するというものである。急に発言者が増え、議論が盛り上がる。ある人がアイディアを出すと、それができない理由が反論されたりする。ただ、不思議なことに、議論がクタクタになっているのに、「HOW（どうやるか）の前に、もう一度WHAT（何をするか）に戻ってみよう」とか、「目的（なぜそれをやるか）に立ち返って考えてみよう」という声があまり聞かれない。ときおり、理路整然とそれを説く人がいたりするが、いつのまにかその声は無視されてしまうことが多い。

なぜ議論が、HOW偏重になってしまいがちなのか。

ここには、こうしたプロジェクトの構造的問題というか限界があるように思える。ひとつは、メンバーが既存の組織部門から平等に代表として集められ、議論が「既存組織形態ありき」になるからだと思う。たとえば、今やっていることの改善策みたいな話であれば、いつもはそんなにフランクに話ができない他部門の人間と議論がおこなわれるので、部門横断的な最適化の話ができたりもしよう。だが、「ゼロベースで考えよう」には無理というか限界があると思う。

ふたつ目も、プロジェクトの組織構造の問題だ。本来、さまざまな組織からメンバーが参画してくる意義は、立場や視点の違う人間が議論することで、今までとは違う発想が得られることを期待してのものだと思う。だが、実際には、それぞれのメンバーは、自分の所属する組織の「利益代表」になってしまいがちであり、このため「選択と集中」により自部門に害がおよばないようにする暗黙のミッションを担ってしまう。だからＷＨＡＴ部分で思い切った発想がしにくいのかもしれない。

そして3つ目があるとすれば、それは部門代表の気構えの部分だろう。こう書くと、気構えができていないと聞こえるかもしれないが、それは違う。現場の人間を部門横断的に招集する目的のひとつが、戦略の実行に各部門の関与が必要だからである。むしろ自分が招集された理由を、戦略の落とし込みのためと読んでしまっているからかもしれない。

そのため、「もし実行するとすれば、権限をこうして欲しい」とか「実際にそんなプロセスを、今の人数で実現できるわけがない」といった、ＨＯＷの議論が盛り上がってしまい、オペレーション寄りの話に花が咲くということなのかもしれない。

ここで発想を変えてみよう。プロジェクト化すれば、当然、関係部門のメンバーを呼びたくなる。でも、彼らを呼べば、「できそうなこと」、「自分たちに損害がおよばないもの」が採択されてしまう。つまり、戦略は「皆で知恵を出し合いましょう」的に考えるようなものではなさそうである。

理想的には、誰もが自分の所属する部門の損得を気にすることなく、自分の思い描く会社の姿を考え、それをプロジェクトに持ち込めればいいと思う。そして、他のメンバーも、自分の出身組織のことはしばし忘れ、他人の発言に本当の意味で中立的になりフォロワーシップをもって臨む。これならプロジェクト形式でもまったく問題ない。だが、現実はそれがかなり難しい。

であれば、やはりプロジェクト化の前に、まずは、少人数で戦略の仮説を策定するべきだと思わざるを得ない。そして、その実現のための課題と解決策を考えるためにプロジェクトを開始する。そのプロジェクトには、各部門の有力メンバーがアサインされ、プロジェクトとしての合意が得られれば、それは各部門としての合意になり、それが実現力、実行力を担保するものとなる。

戦略の仮説を策定する少人数を選ぶときのポイントは、「それを考える部署にいる人」でなく、「考えることができる人」となる。そうなればおのずとエグゼクティブが浮かび上がるだろう。

経営者に戦略を大政奉還しなければ

事業会社の経営企画部門を率いた方々が異口同音で口にされるのが「靴の上から足を掻いているようだ」ということである。私も数年間、そういうときがあったが、本当にそうだと思う。

スタッフ部門であるから、何かを決定する権限はない。経営トップからは、自分が説明もしくは判断できるような資料をまとめてきてほしいと依頼がくる。一方、現場は、いろいろなことをリクエストしてくる。それぞれの意見はジレンマばかりでまとまりがつかない。さらには、それを無理にまとめようと交渉すれば「おまえ（経営企画）にそんな権限はない」となる。まあ簡単にいえば、企画というのは名ばかりで、社内調整業務が多くなりがちだ。

まさに経営トップと現場との板挟みである。こう考えると、「経営企画部が戦略を取りまとめる」という方式には、戦略性という面で構造上の無理があるように思えてならない。

と、ここでは、経営企画部門の立場の難しさを語っているが、実は、その例外も少なくない。圧倒的な発想と企画力で経営者の信頼を勝ちとり、トップの決断にきわめて強い影響を与えている実質上「影の経営トップ」といっても過言ではない、経営企画部門の名物リーダーがいらっしゃったりする。

もし、読者の方々の会社の経営企画部門のリーダーがそういう方であれば、それを経営トップと読み替えていただければ幸いである。

決断のともなわない戦略は、これだけ情報が手軽に得られる世界で、どこまで戦略性をもちえるのだろうか。ここは、やはり、経営トップに「戦略立案」を大政奉還し、決断をいただかなければならない状況ではないかと思う。

ただ、ここで悩ましいのは、経営トップ自らが戦略を立案し決断するといっても、情報の収集や取りまとめのスタッフが必要になり、結果として、いつか来た道、みたいになってしまうかもしれない。そうならないためには、どうすればいいのか。

戦略立案といっても、広義に考えれば、情報収集、現状把握、戦略立案（狭義）、戦略実行に向けての課題の整理、実行方法の検討、等々になる。このうち、狭義の戦略立案の部分、つまり、「発想」の作業を別出しで考えることだろう。そして、その作業を経営トップがおこなうということであろう。

よく、「本件は重要なプロジェクトなので、急がず丁寧にやろう」という指示がくる。その真意は、ゆっくりと発想せよというのではなく、社内の意見を大切に聞き賛同を得ること、そして実行のための協力を得られるようにするという意味だろう。それはもっともなことだと思う。だからこそ、発想作業と調整作業を分けたいと思う。

発想は短い時間のほうが質が高まる

ある企業で経営戦略を立案しようとすると、だいたい3カ月くらいの期間となる。その作業を棚卸ししてみると、あくまで感覚的なものだが、市場調査、現状調査等々とその分析で4週間、社内調整の支援（啓蒙作業）で3週間。ドキュメンテーションで4週間。取りまとめで1週間。これでもう3カ月みたいな感じになる。いったいどこで戦略を発想しているのであろうか。当たり前だが残りの1週間の中である（図表1-1）。

戦略はそれそのものをつくるよりも、社内調整やドキュメンテーションに多くの時間が費やされているのが実情だ。なぜ社内調整にそんなに時間がかかるのか。それは、今までにない新しい考え方がそこにあるからだと思う。人は変化を嫌う。新しい考えがあると、

図表1-1　戦略策定作業の時間配分イメージ

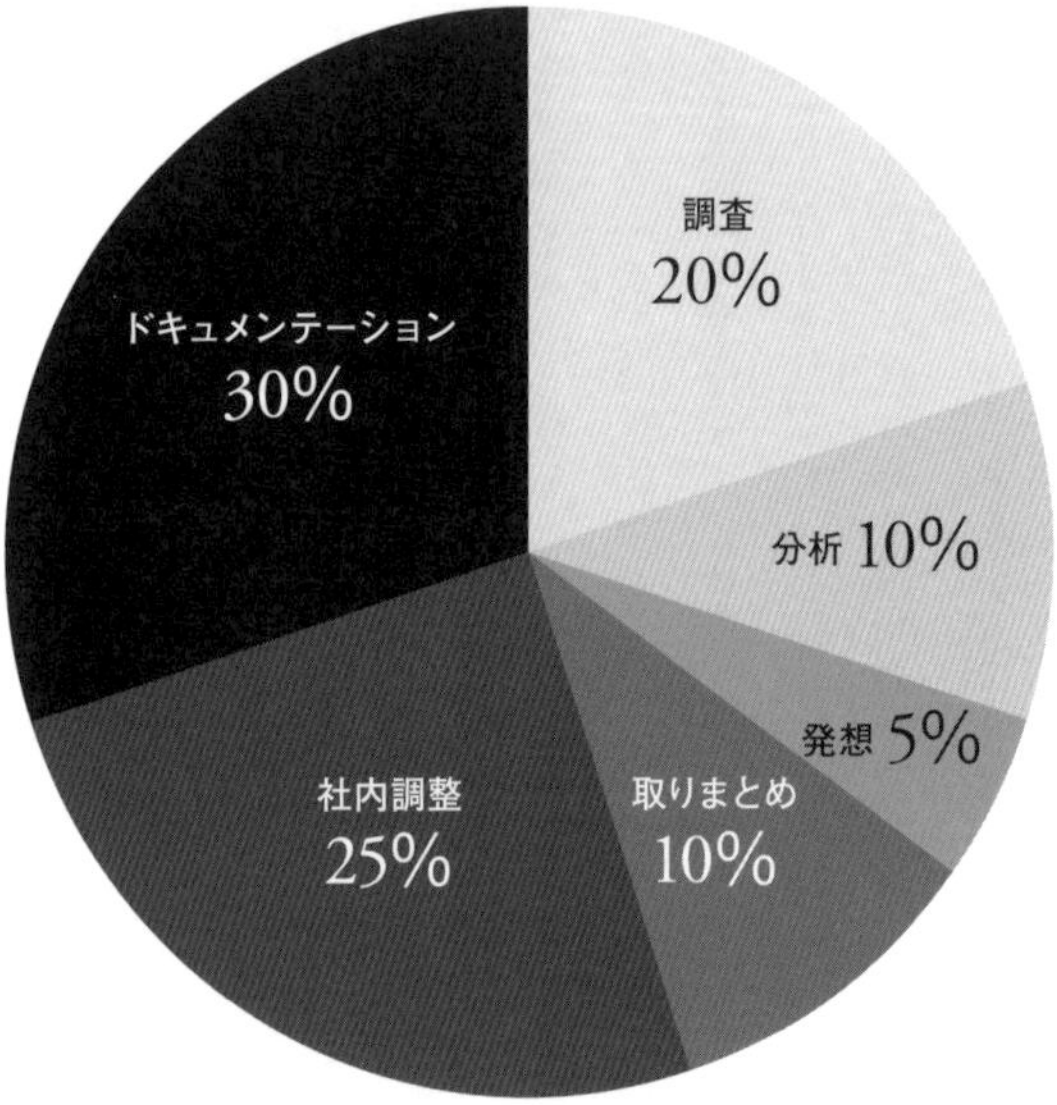

出所：Tryfunds “The Decision”

まずはそれを理解しようというより、どうしても、排除しようという気持ちが働く。そんな中で「この新しいアイディアは会社を強くするし、そのオペレーションの一翼を担う皆さまにとっても、協力して悪い話ではないですよ」と理解（心変わり）してもらわなければならない。

でもそうなると、その説明のためのドキュメンテーション作業、さらにはできあがった報告書のページ数が膨大になる。そして、決められた時間内でそれを丁寧にやろうとすればするほど、戦略そのものを考える時間はますます少なくなる。

たとえば、新しいビジネスモデルを3カ月くらいで構想することをイメージしてみよう。プロジェクトは、「市場の分析」「先端技術の自社事業への適用可能性の評価」「ビジネスモデルの仮説」「事業性の検討」「課題の整理」「実行計画」といったいくつかのステップで実施される。2週間に一度、ステアリングコミッティ（以降「ステコミ」）が開催され、そこに参加する経営陣に、作業の進捗報告をおこない、そこまでの作業内容の承認を得ていく。

では、これは経営者側の視点に立つと、どんな作業に見えるのだろうか。

第1回目のステコミで「市場の分析」がおこなわれ、いくつかの議論の末に、その内容は理解できた。次のステコミでは「先端技術の活用が自社事業にもたらすインパクト」という議論らしい。世の中の動きと新しい技術、どんなコラボが考えられるのだろう。楽しみである。

第2回目のステコミがくる。ただ、前回が2週間前であり、その間に他の案件でもいろいろな意思決定や緊急対応があったので、記憶もちょっと曖昧である。先端技術の動向の説明が始まる。「ええと、ターゲットとなる市場は、どんなチェンジドライバーがくるのだったっけかな」と前回の資料を持ってきたのでそれを見る。が、前回の議論の肝の部分が資料からだと思い出せない。ところで、先端技術の話はわかった。次回はいよいよビジネスモデルらしい。また2週間後だ……。

こんな状況が繰り返されていく。

経営陣からすれば、細切れで、記憶がつながらないので全体像が見えにくい。とにかくしばらく待っていると何かが出てくるんだな、とそれを待つ。そのせいか、ワクワク感が生まれない。淡々と1回1回のステコミで自分の考えを伝えていく。新技術の適用可能性などは、話自体はわかるがもちろんそれについての専門知識があるわけではない。何かコメントしてしまえば、現場はそれに振られてしまうかもしれないので、注意しなければならない。

一方、メンバーからの視点で考えるとどうだろう。

ステコミごとに、経営陣からいろいろなコメントをいただく。その都度、「〇〇常務のコメント」みたいに議事録に残す。そのコメントから示唆される指示を解読し、必要作業を追加したり方向転換をしていく。また、そこでちょっと忖度が加わったりする。ただ、ここで困るのは、ステコミのたびに皆さんの意見が違ったりするように感じることである。また、時々、その真意の解釈でメンバー同士の意見が割れたりもする。次回までにどこかで確認しておかなければならないと思っているところに、プロジェクトの噂を聞いた他部門からいろいろな横槍が入ってくる。

経営陣からは、「会社にとって重要な議案なので、急がずじっくりと議論するように」とはいわれるものの、じっくりと長く丁寧にやればやるほど、議論の焦点が定まらなくなってくる。

つまり、時間の長さが、戦略性を削いでいくようにも感じる。逆転の発想として、1つひとつのテーマについて、インターバルを空けて離散的に議論していくのではなく、最初に「新事業の全体像」みたいなものがさっと出されていたらどうだったろうか。たぶん、思いのほか意見が出てくるだろう。それは物事が具体的だからであり、よい意味で議論が活性化されたからだとも考えられる。ただ、現場同士ならそれでいいが、経営者が相手となると、さすがに乱暴な気もする。

「ウォールーム」の戦略性を見直そう

「ウォールーム（War Room）」は、組織の非常事態に、その対策を練るためのものである。ごく少人数かつ短期間で実施される。

このウォールームは、もともとは軍隊組織のものであり、そこから企業経営に技術移転された（図表1-2）。直訳すると、戦略を練るための情報満載の（地図などが貼られた）物理的な部屋、というところだろうか。ここでは、その部屋でおこなわれるはずのアクション、つまり、迫りくる危機に対処するために、少人数で交わす緊迫した議論そのものを指すこととしたい。

なお、「War（戦争）」という言葉を避けるために「緊急戦略会議」などと言い換える場合もあるようだが、ここは、あえてWar Roomのまま使わせていただくことにした。企

図表1-2 ウォールームのスコープ

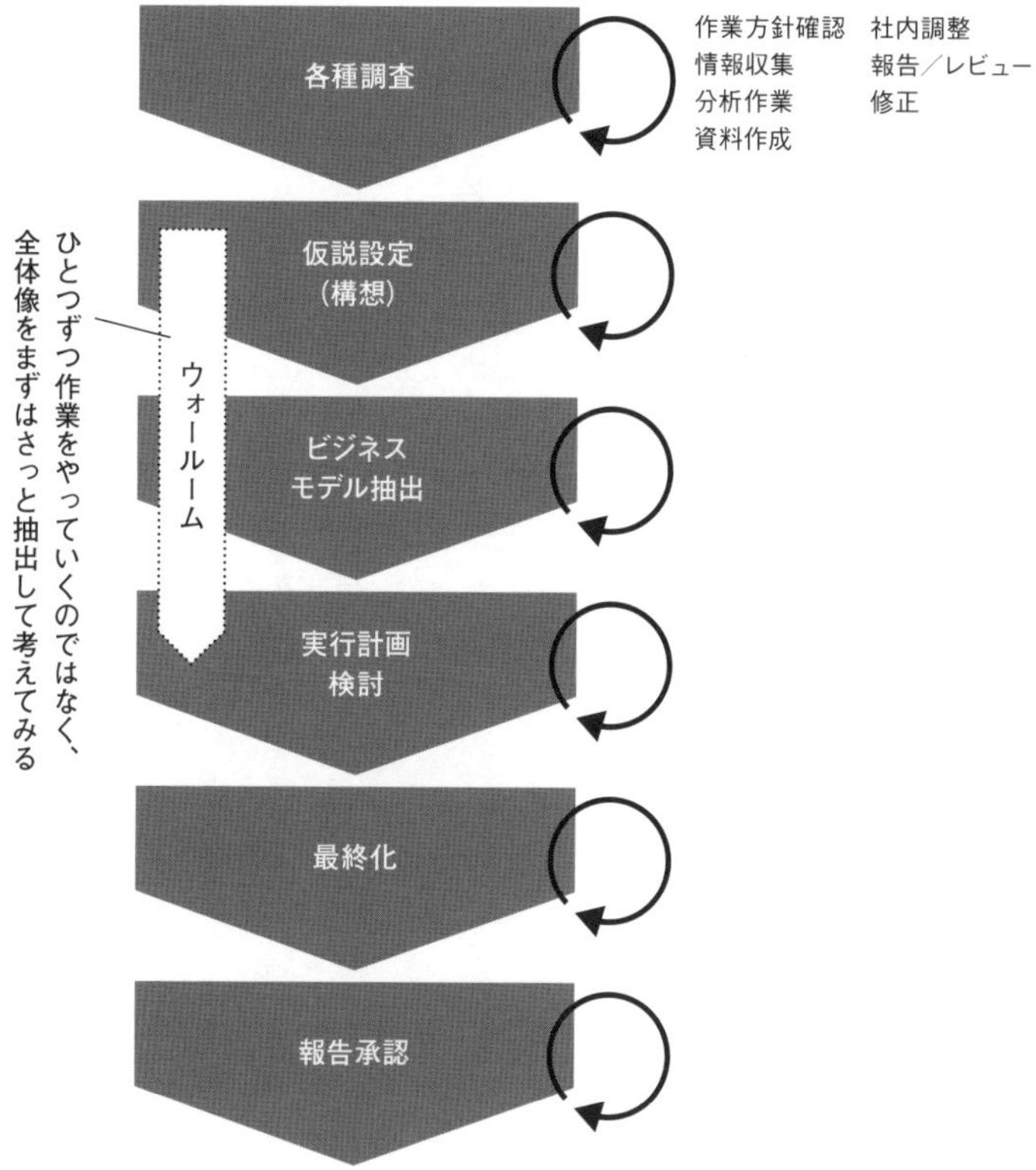

出所：Tryfunds “The Decision”

業の存亡をかけた非日常の議論、というニュアンスをお伝えするには、一般的にも使われる「緊急」「重要」といった言葉では足りないと考えたからである。

欧米企業、特にアメリカの企業は、何か（多くは、想定外のよからぬこと）が起きると、選りすぐりの数名が一瞬で集まり、瞬時に対策案の洗い出しがされ、トップが決断をする。こうした勝負を決するタイミングで、忖度とか調整をやっていたら勝てない。逆にいえば、権力構造を意識して組織間調整や上司への忖度などをやっているとすれば、意思決定は遅れるどころかおこなわれなくなる。

戦略はその企業の未来を占うもので大事なもの、だから「時間をかけてじっくりと」となるが、この時間をかけてやることといえば「調整」になる。「いろいろな人の意見を聞く」ことがよいことだという風潮がある日本の企業では、この調整という作業に膨大な時間が費やされる。そして、調整された内容には「決断」すべき事項など微塵もなく、「やるべきこと」が「やれること」にすり替わったりもする。この予定調和だらけの作業と成果物に未来は見えない。

よく、戦略を経営陣に説明するときに「エグゼクティブサマリー」なるものを用意する。企画書の中から、その概要がわかるように経営者向けに（経営者目線で）要約したものである。数十ページ（下手をすれば数百ページ）の企画書は経営者が読むことはないだろう。だから、そのダイジェストを提示し、議論を活性化させる。

でもよく考えてみると、最初からエグゼクティブサマリーだけでよいのではないか？という疑問にぶち当たる。それを仮説ベースでまずはまとめてしまい、経営者とイメージ合わせをおこなう。「うん、仮説としてはおもしろい」となったら、深堀作業をおこなう。戦略立案は通常、1つひとつのタスクを確認しながら進めていくが、ここでのそれは全体像を薄く広く描いてみようというものになる。

概要レベルをさっとまとめるためには、少人数で短期間が鉄則になる。大人数だと、また「よく調べもしないで」とか「関係部署との調整は済んでいるか」みたいな話が絶対にあがってくる。

事例　合成樹脂製品製造業T社のウォールーム

合成樹脂を用いた製品を1000種類以上製造しているT社は、経営危機を迎えていた。小売業向けに製品を販売していたのだが、その売上高が年々減少している。オーナー兼社長が陣頭指揮をとり、「時流をとらえた製品」をキーワードに、業績回復を図るべく新製品開発を加速させていた。ところが、一向に回復の兆しが見えない。そのような状況下でウォールームが開催された。

ウォールームでは、20名程度という営業人員の割には商品点数が多すぎ、ひとりの営業のキャパシティを超えているため、せっかくの戦略製品の魅力づけを十分できない状態なのではないかとの仮説をもった。

問題は、商品点数を絞れば単純にその分の売上げが減ること。それについては、どの商品を販売するかのフォーカスを徹底すれば、吸収できるかもしれない、という議論になった。いずれにせよである。このままだとジリ貧必至であり、本当にそれができるかどうかの議論を事細かにやる時間はない。議論はここで切り上げ、その実証実験に入った。

仮説は的中した。お客様（小売業）の多様なニーズに応えるために多品種展開していたことが、逆に1つひとつの製品の魅力を訴求できない状況を生み出し、競合他社に後塵を拝するといった本末転倒の状況に陥っていたことがわかった。営業活動の結果を受けて、製造・販売する製品種を約3分の1に削減することにした。

経営危機の渦中では金融機関の協力を得ることが最優先ではある。そのため、経営危機からの脱出を支援するコンサルタントも達成可能性、いわゆる蓋然性が高い計画の作成に終始してしまいがちである。結果、比較的管理可能なコスト削減や生産性向上の施策のみで構成された計画ができあがり、それが目指すべきゴールとなってしまう。

しかし、多くのケースでは、売上高の減少が止まらないことが経営危機をもたらしている。支出を抑える施策と並行して、売上高を回復させる、もとい再成長させることが本質的に必要である。ただ、売上向上にハンズオンで参画するコンサルタントは少ない。それは必ずしも成功するとは限らないことと、売上高を増加させる手段を考える手札をもっていないためである。一方、その手札をもっている人材は、どうしても議論が局地戦になりがちであったりもする。

それにもかかわらず、もしここで、数カ月におよぶ戦略プロジェクトが開始され、現場の社員もそれに動員されていたらT社がどうなっていたか。それは想像に難くない。

第2章

ウォールーム
——少人数、短期間で実施

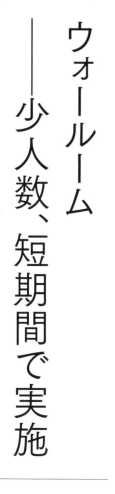

戦略の80%は最初の40分で見える

「戦略の80%は、お客様にお会いして、最初の40分くらいでわかっていたこと」

これは私の恩師が、あるときふとつぶやいた言葉である。

戦略立案など簡単だといっているように最初は聞こえた。が、よく聞いてみると、戦略立案のプロセスには、あまりにもムダが多いという意味だった。

前章でも何度か議論したが、戦略の立案には、定石など存在しないと考えるべきだと思う。そこにコツがあるとすれば、戦略立案のオーナーである経営者、もしくは、経営者から権限委譲を受けた少人数のタスクチームでの超短期、真剣勝負の議論、つまりは検討形態により品質の優劣がつくように思う。

コンサルティング業界に身を置いている筆者の、あくまでも肌感覚であるが、その昔は、クライアントからは、世界の情勢、競合の状況など、戦略のインプットとなる情報を求められ、その部分が手厚いことが歓迎されたように思う。ところが、その後、インターネットの普及はもとより、情報ソースの充実、非構造型データの解析技術の飛躍的向上等々から、戦略発想のための情報ソースそのものの価値は相対的に下がってきたように思う。

そして、ある時点から、大企業では「各組織のリーダーの意見を集め、会社としての統一感をもった戦略を策定するにあたって、その取りまとめを手伝ってほしい」という感じに変わってきたように思う。すごく乱暴な言い方をすれば、「コンサルティング会社に戦略そのものは求めない。各事業部門のアイディアの取りまとめ役となってほしい」というようにもとれる。

一方、中堅企業は、もちろん例外はあるにせよ、大企業とは真逆である。「市場だとか競合だとか、そのあたりの情報はいいから（だいたいわかっているから）、とにかくアイディアを出してくれ」という感じである。

よくいえば、戦略策定のど真ん中を直接的に求められるということである。「戦略のお作法なんてどうでもいいから、打ち手をどんどん出して、当社の本当に勝てる戦略を説明してみてくれ」という感じである。

最初の頃は、ずいぶんと乱暴だなと感じた。しかし、次第に、これもありだなと思うようになってきた。いや、むしろこれこそが理想なのかもしれないとも思った。つまりは、意見の取りまとめ、ストーリーとしての整合性確保、合意形成なども重要であることには違いないが、それよりももっと重要なものが「勝つための発想」であるというシンプルなことだと再認識した。

経営者は、自分の仮説を検証する壁打ちや、先端技術を平易な言葉で表現しそれを使った差別化策を提案してくれる相手を求めているわけである。「さあ、遠慮なく打ってこい」と待ち構える経営者の方々に対し、まずは、経営者が何を考えていて、こちらは何を伝えるべきなのかを把握したい。ここで「あなたの考える戦略はなんですか?」なんて漠然とした聞き方をしても、答えてくれようがない。こちらで仮説をもち、そこを起点に丁々発止で議論していくしかない。

合理的なプロセスは予定調和を呼ぶ

ちょっとカメラを引いて考えてみたい。図表2-1は、経営戦略の典型的なタスクフローである。

流れをざっとなぞっていくと、まずは「あるべき姿」を明らかにする。その一方で、現

図表2-1　ウォーターフォール型の経営戦略立案

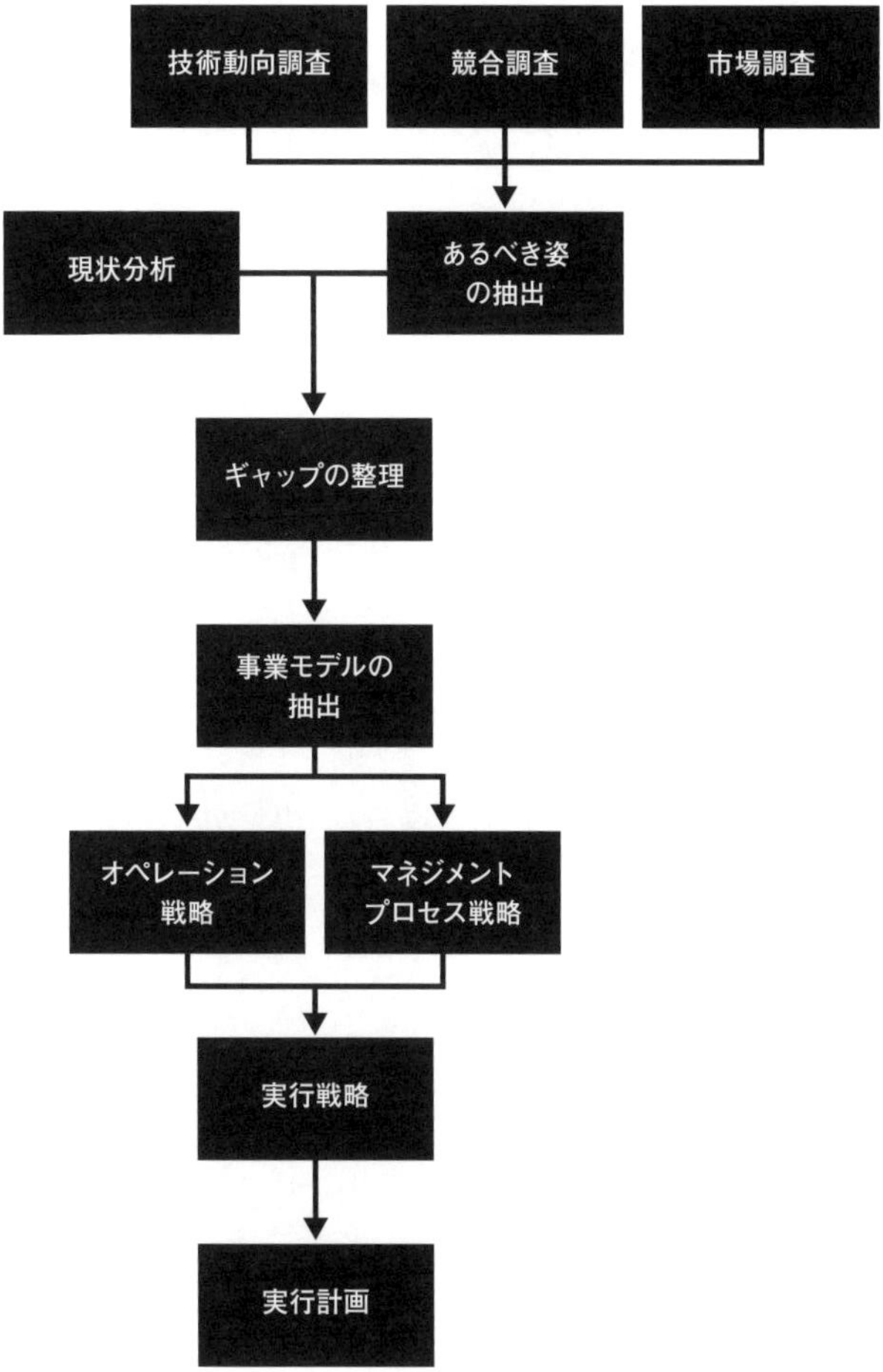

実の自分たちを見つめ直し、ふたつの間のギャップを整理する。このギャップを解消すれば「あるべき姿」に到達する。そのためにやるべきことは何か。つまりこれが「課題」である。そして、一連の課題の中で、どれから解決していけば組織の士気が上がりつつ確実に改革が進むか、解決の優先順位を決める。最後はその実行のためのガバナンスを設計する。理にかなった方法だと思う。一般的には、これを上から下に水が流れていくような方法であるとし、ウォーターフォール型と称される。手戻りが少なく合理的な方法だと思う。それと、会社は当たり前だが組織で動いている。各部門のステークホルダーと合意形成をおこないながら、ひとつずつ理詰めで考えていくには最高の方法だと思う。ただし、この方法に弱点があるとすれば、ウォーターフォール型だと、先行タスクの結論を前提として、後続タスクが実行される。後戻りがしにくい。多くの部門が参加する形態であればあるほど、予定調和になりやすいと思う。

本来は、「ああでもない、こうでもない」といった感じで議論しながら、すべてを何気に俯瞰して見ていたら「突然、まったく別のアイディアがひらめいた」というのが欲しい。が、それが難しい。

読者の皆さまの所属する会社が経営戦略を立案する場合、どこまでの粒度でやるかは別として、このウォーターフォール型を採択されていると思う。

思わぬ展開を生み出すウォールーム

一方、図表2-2はどうだろうか。

まず、キーとなる質問が、戦略立案のテーマごとにいくつか設定されている。それぞれの要素について、該当する質問に答えられれば、そこの領域については、とりあえずは検討が完了し、結論があるものとする。一方で、答えられないものがあれば、そこは「思考の真空地帯」とし、即座に考えてみる。もし結論がすぐに出ないとすれば、それが「調査をすれば、おのずと答えが出てくるといった『調べごと』」なのか、「答えがあるというものではなく、有識者を集めて落としどころを考えるという『考えごと』」なのか、「どこにも答えはなく、然るべき人が決定すればいいという『決めごと』」なのかを明らかにしていく。

そしてこのあたりから、戦略なりビジネスモデルが炙り出されていく。

このウォールーム形式が成立する前提条件は、参加者がそれなりの種類と数の「打ち手」をもっていることである。だから、誰でもできるというものではない。ただ、これは、

図表2-2 ウォールーム形式による経営戦略立案

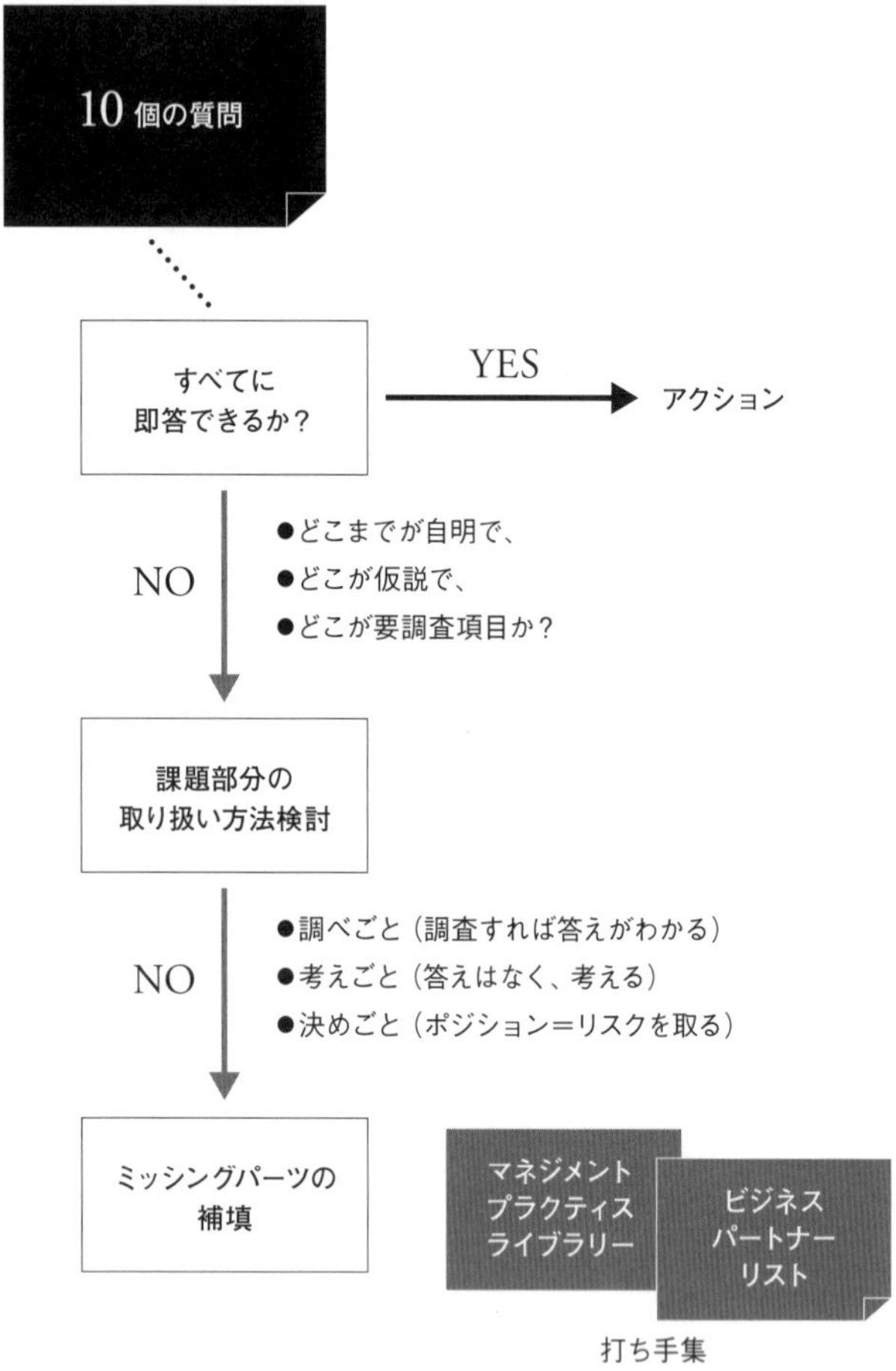

出所：Tryfunds “The Decision”

ウォーターフォール型であっても同じはずである（ただし、ウォーターフォール型は、手順が明確なので、つい誰でもできそうな感じがしてしまう）。

この打ち手の数が、議論のスピードアップはもちろんのこと、思わぬ展開をもたらす。たとえば、議論の中で、あるビジネスモデルが浮かぶ。それを今実現しようとすると難しい。自社には存在しない、いくつかのミッシングパーツ（不足機能や能力）が見つかる。こんなときに「○○社という会社があって、そこでの事業でXXという技術を使っている。それを応用すればできるのではないか」となる。すると「もしXX技術を使うなら、ビジネスモデルはああでなく、こうしたほうがさらに差別化できるのではないか」と新たな発想が浮かぶ。そして、「そうなると今までの営業プロセスの変更が必要になってくる」とくる。さらには、「ARMという標準の仕組みがあって、まさにそれを実現するためのものだ」とくる。こうした「ああでもない、こうでもない」「そういうことならこうすべき、いや、そうできるなら、ああすべき」みたいな丁々発止が生まれる。この展開が楽しい。

第1章で述べたトライファンズ社との実験の際は、流れに応じて、お互いがもっている打ち手をうまく出し合いながら議論を展開させた。会社の仕組み（マネジメントプロセス）に問題がありそうな場合は、筆者がベストプラクティスの例をあげる。ミッシングパーツ（不足機能／能力）についてはトライファンズ社、という調子である。基本は、顧客の経営トップとこの二者という最小単位で実施し、事前に議論の焦点が絞れているときや、ディスカッションの展開が予想できるような場合には、その業界出身のエグゼクティブや、他の専門家を連れてくることもあった。

「非日常の問いかけ」で、経営者の思いを引き出す

短期間で重要な議論をする、という話をすると、「スタートアップスタジオ」を連想される方もいらっしゃるようだ。多種多様な専門家を集めておき、アイディアに対して瞬時にチームを結成、同時多発的に事業を生み出す起業支援の仕組みのことだという。よく話せばまったく違うもの（起業支援の仕組みか、企業における戦略立案の場か）であるのはわかるものの、比較する中であらためて感じたウォールームの特徴についても補足しておきたい。

まず、ウォールームはあくまで経営者（決断者）を中心とした少人数セッション（基本は経営者の他に、最小単位の2名）にこだわるところである。今まで散々述べてきたように、戦略は経営資源の集中配置であり、それをどこに集中させるか（あるいは弱くなるの

を許容するか）を自らの責任で「決断」することになる。よりよい決断のために、発想を広げる問いかけをしたり、必要に応じて専門家を呼ぶのがウォールームであり、「多種多様な専門家を集める」のは趣旨ではない。

ふたつ目の違いは、経営者の心の底にある個人としての感覚や意思（インテンション）を起点とすることである。つまり、どの企業にも通用するようなものではなく、あくまでも、経営者がなんとなく考えていたワイルドアイディアや、自分でもまったく気づいていなかった「思い」のようなものを拾い上げるということだ。

部外者がもってきた斬新なアイディアではなく、経営者の潜在意識にあった野心や感性と親和性が高いアイディアであれば、自社の組織の底辺に流れる感情も自然と考慮できる。また、経営者にとってそれは「やらなければならないこと」ではなく「やってみたいこと」となるので、リーダーシップの厚みが変わってくるだろう。つまりは、経営者の直感に合えば、そこには目に見えない「実現力」が担保されてくる、という考え方である。

さて、今説明したふたつの特徴のうち、ひとつ目は決めごとであるので問題ない。だが、なぜふたつ目のようなことができるのか。ここは、本書のテーマである「質問」と深く関わってくる。

質問とは、なんのためにおこなうのか。「答えを得るため」という場合も多いと思うが、本書において、実は「質問者が答えを知るために」おこなう質問はほとんど出てこない。「質問される側」の立場で考えてみるとわかりやすいかもしれない。友人や家族からの、自分がよく知っていること（仕事や趣味など）についての何気ない質問で、ふと言葉に詰まったり、「そういう考え方もあるのか」と気づいたことはないだろうか。子供からの、仕事に対する無邪気な質問にどう答えるべきか迷った、などという体験も、これに近いかもしれない。

自分がよく知っている（はずの）ことに関して、いつもと違う角度から質問が飛んできたとき、「あれ？　そういえばこれはどういう前提だったっけ……」「たしかに視点が偏っていたな」などと自問自答を始める。質問に答えようと考えることが、自分の潜在意識を呼び起こしたり、思い出してまとめたりという作業になってくる。

子供や家族の場合は、単に答えを求めて聞いているのかもしれないが、それが非日常な（いつもと違う）視点であるため、結果的に、答える側が「考える」きっかけになるということだろう。ウォールームでは、この効果を狙って設計した「非日常な質問」をしながら、経営者の自問自答のきっかけをつくったり、思いを引き出したりしている。

その特にキーとなる質問を、10の「セントラルクエスチョン」として整理している。くどいようだが、順番にインタビューして答えをまとめるためのものではなく、議論の展開のために「使って」いくものである。

図表2-3は、私のような外部の人間が、経営戦略というテーマでウォールームに参画させていただき、ファシリテーションをおこなう際に潜ませているメモである。

それぞれの箱は、戦略の立案から導入までを広義にとらえたものだ。ゼロからスタートする企業であれば、上から順番に整理していくことになるだろうが、ウォールームをおこなう企業は創立から相当な年月が経っていることが多い。お話を聞きながら、このあたりかなと思うところを探っていく。

一応、A3サイズで印刷しておき、議論が相当に進んだあとで「先ほどの議論はここでしたね」みたいに使うこともある。

これを最初から出さない理由は、見せてしまうと、すべての箱について「ここの課題はね」と課題を「つくられて」しまうからである。

ところで、この問診票の一番下は、日常業務になっている。もし日常の業務で問題が発生しているとすれば、それはどのくらいの問題で、どこまで遡って解決しなければならないかを議論するのが右側の線である。ごく簡単な問題ならコミュニケーションで解決するだろう。でも「日常の業務と計画がずれてきた」なんてことになってくると、計画まで

図表2-3 問診票

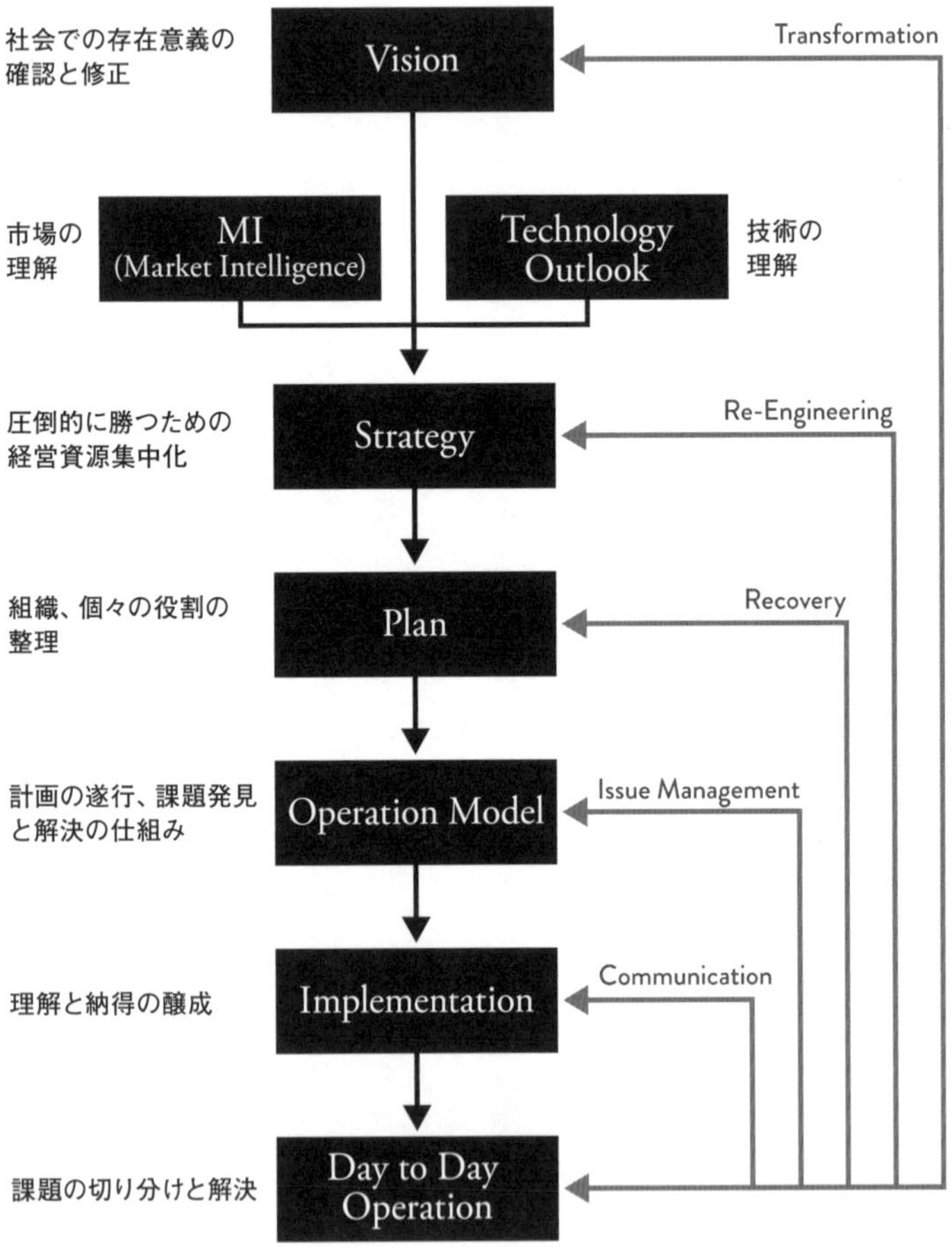

出所：Tryfunds “The Decision”

遡ってリカバリーショットを打たなければならなくなる。ましてや「自社の社会での存在意義が薄れている」となってくると、これはビジョンにまで遡らなければならなくなる。

最初に申し上げたとおり、これは問診票、いわばチェックシートのひとつである。今までの経験でいうと、この問診票を駆使しなければならない状況は、議論に苦戦しているときである。とがった戦略を策定するというよりも、自社に問題があることはわかるが、それがどういうことかわからないという状況や、問題意識そのものが薄いという状態である。

戦略を発想するための「4つのアングル」

現在、筆者の実験を手伝ってもらっているトライファンズ社では、経営トップとの3回の会談で、戦略の仮説抽出、オペレーションモデルの検討、実行のミッシングパーツ（不足機能／能力）の整理をしている。ウォールーム当日の議論までには、ここに示しているような4つのアングル全部をスコープとするのか、あるいはいくつかに絞っておこなうのかを、あらかじめお客様である経営トップの方と調整しておく。

4つのアングルを簡単に説明しておく（図表2-4）。

図表2-4　ウォールームの４つのアングル

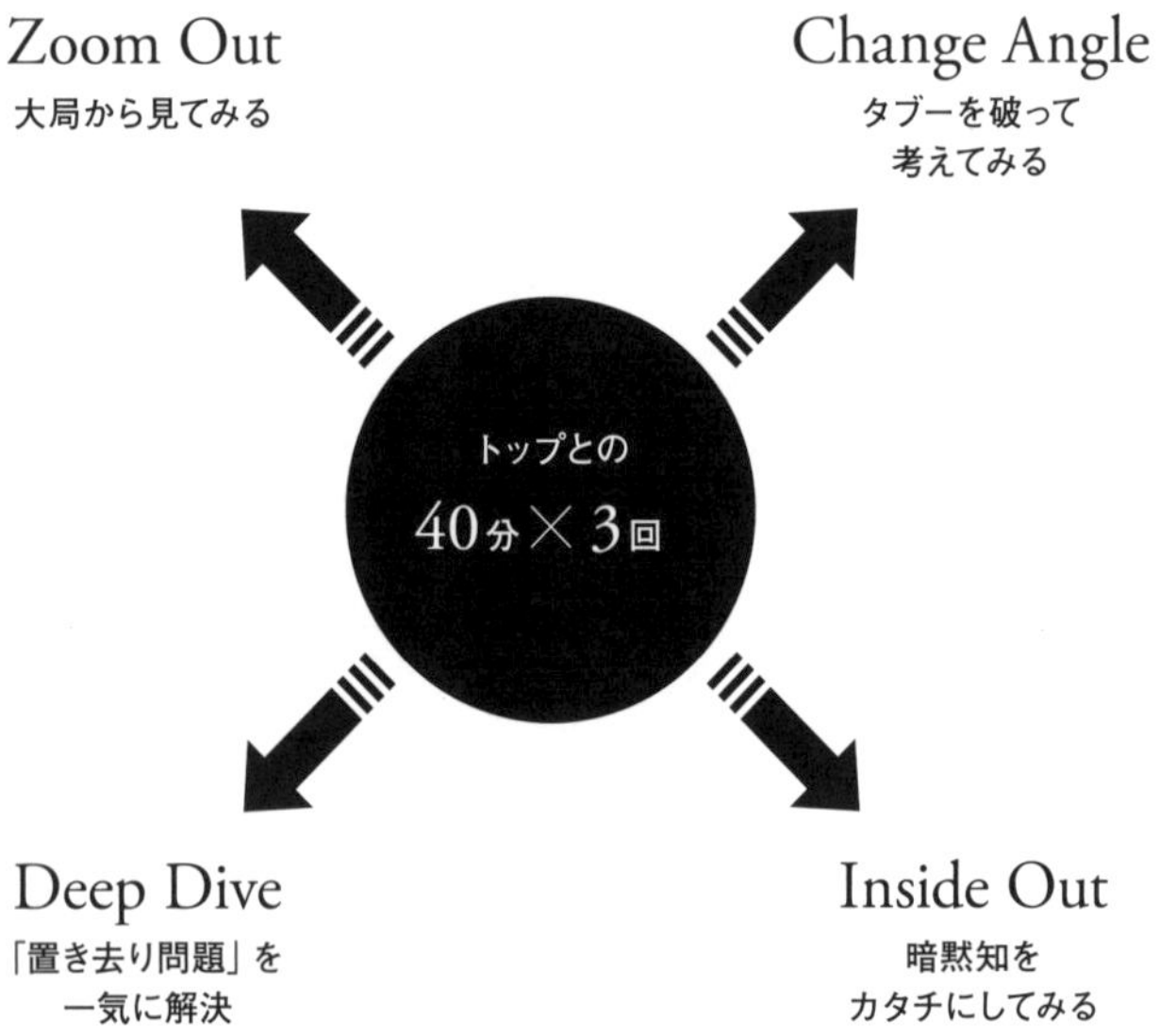

出所：Tryfunds “The Decision”

●ズームアウト（Zoom Out）
いつも考えているよりもずっと長いスパンで物事を考え直すものである。
●チェンジアングル（Change Angle）
その会社でのタブーを、あえて打破して考えてみようというものである。典型的なのは、ビジョンや経営理念の見直しであり、従来から当たり前とされてきたことについて、今の時代感を考慮してその継続可否や過不足の検討をおこなうことが多い。
●ディープダイブ（Deep Dive）
グローバリゼーション、DX等々、重要性がきわめて高いが、緊急性が低いために「いつか絶対にやらねばならないと思ったまま放置されていること（本当に考えると膨大な工数や調整が必要）」について、グランドデザイン（概要）を短時間でさっと描き切ってしまおうというもの。まったく未知の領域（答えがないために、合議では解決しない問題）への対応などもこれにあたる。
●インサイドアウト（Inside Out）
経営者の頭もしくは心の中にある暗黙の野心やアイディアを引き出し、その言語化を図るものである。経営者の傘下の部門リーダーが何をやりたいのかを整理するときなどにも活用される。

今までの経験でいえば、当初はインサイドアウトを要望され、議論をしていく中でその力点がチェンジアングルに変わっていくというパターンが多い。

発想した戦略の課題を洗い出す「シックスレバー」

戦略を発想するといっても、もちろんそれを実現するための課題も同時に洗い出さねばならない。自社のどこに課題があるのかと議論すると「○○がない」という話になる。「ない」なら「獲得」すればいい。そこをいちいち「ないから発想を捨てる」というのは本当にもったいない話である。課題を議論する際には、シックスレバーと呼ばれるチャート（図表2-5）をA3くらいの大きな紙に印刷し、それを机の上に置きながら話を進める。

シックスレバーのそれぞれの項目については、図を見ていただければすぐにイメージが浮かぶだろう。これを経営改革の「レバー（梃子）」だとした場合、どのレバーはそのままでよくて、どのレバーをどのようにしなければならないか、といった、つまらない言い方をしてしまえば改革のスコープを決めるために広く使われているツールである。

図表2-5 シックスレバー

変革の6つのレバー（梃子）の、どこを、どう動かすか？

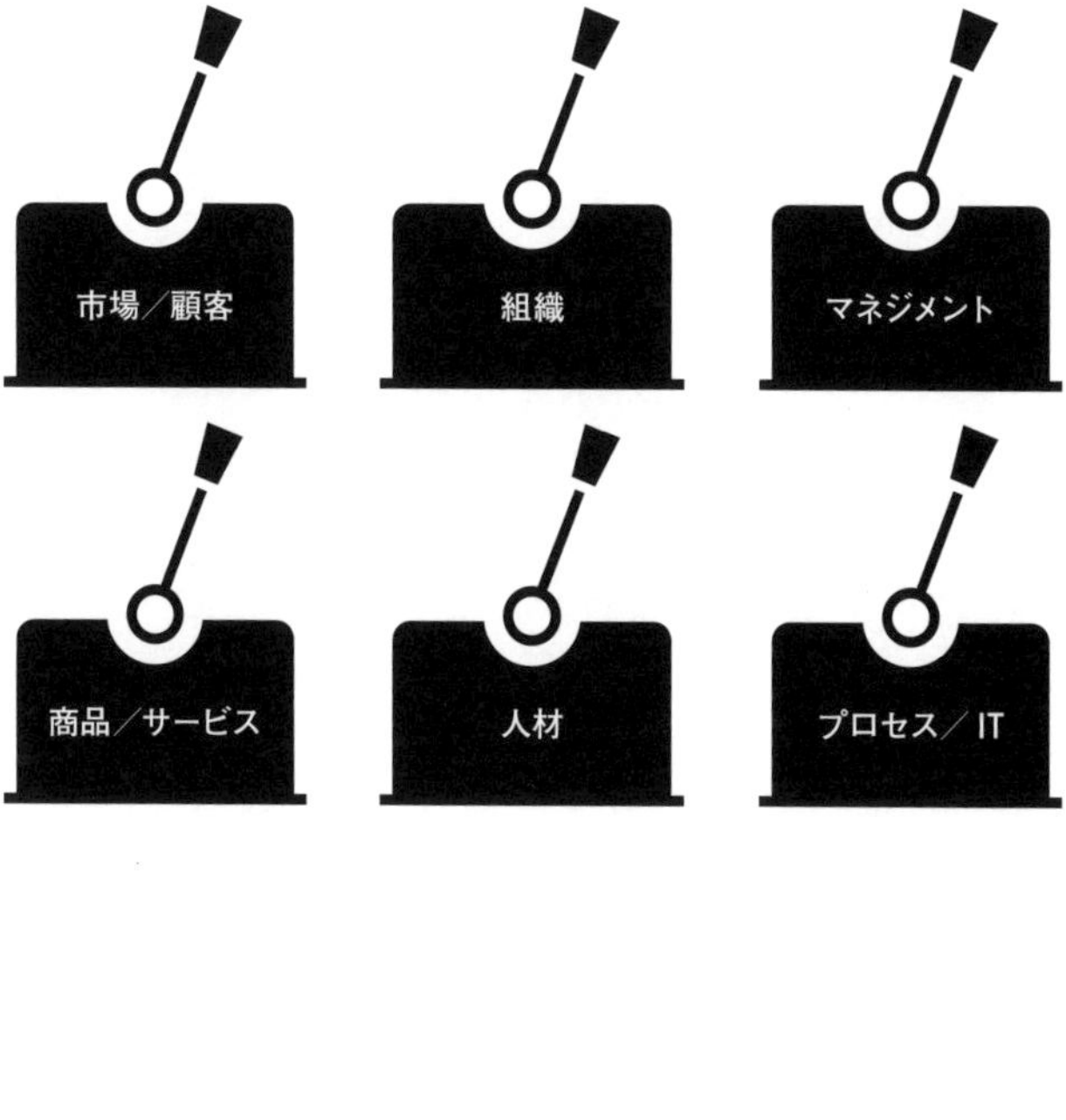

通常は、ちょっと議論すれば、どの領域の深掘りが必要であるかがわかるので、議論の焦点を確認するために少々提示するだけである。ただ、自分の頭の中にはいつもこの6つの梃子が浮かんでいる。

そして、図表2-5の右の4つの梃子については、それを動かすための「打ち手」を増やすように、日々、研究と調査をおこなっている。

事例 印刷業界K社のウォールーム

「4つのアングル」で戦略を発想し、「シックスレバー」を使って実現した事例をご紹介したい。

デジタル化の進展の中、印刷業界は、市場縮小が顕著である。中堅規模のK社も例外なく売上高の減少に苦しみ、いわば経営危機にあった。1990年代後半からの市場縮小に対応すべく、コスト削減や生産性向上の施策はすでに進められている。経営陣も社内も、もはや万策尽くしたという諦めにも似た雰囲気を漂わせていた。それでも社内では、起死回生とばかりに、決して筋がよくない新規事業のアイディアにすがっている状況だった。

そんな中、金融機関の要請により、事業計画を作成することになった。財務面・生産性向上については「過去の施策を再度やり直してみる」程度の内容しか書けていない。このタイミングでウォールームが企画された。

印刷業界の営業戦略では、大口の顧客にエース級の営業人材をあて、売上げの大きくない顧客や新規顧客には経験の浅いメンバーをあてる、というのが常識である。K社も競合と同様に、自社の「売上げの大きさ」で顧客を分類し、営業要員の配置をおこなっていた。

ウォールームでは、その当たり前と思って疑わなかったことが、成長の阻害要因になっているかもしれない、という議論になった。そのきっかけは、各々の顧客の年間印刷発注量を、他社発注分も含めて把握できたことであり、その情報を実は営業人員がもっている、というのも、このときに判明したことだった。

「既存顧客の潜在的な開拓可能量（顧客が外部に出す年間の印刷発注量・額）」と、「既存取引の収益性」を整理し、両者が高い取引先にエースをあてるのはどうだろうか、とのアイディアが出てきた。

また、既存の大口顧客は、過去の取引から大きく受注内容が変わるわけではなく、両者間で概ねすり合わせができているため、トラブルが起きにくいこともわかった。比較的若い営業人員で対応してもよいのではないか、ということになった。

その後のアクションでこのアイディアを実験してみたところ、結果として、縮小する印刷業界において売上高を回復、それ以上に収益性を向上させることができた。K社は経営危機を脱し、今後の市場縮小に備える十分な時間を確保できる道筋をつけることができた。

このウォールームの勝因は、「チェンジアングル」によって、「斜陽業界においてはコスト削減・生産性向上により財務体質改善を検討する」という「常識」に対し、「売上向上」という観点の検討を加えたことである。さらに、「シックスレバー」を使った検討の中で、「営業要員の配置」という課題が浮かび上がった。これまでほとんど検討されてこなかっただけに、効果は絶大であった。

ちなみに、このウォールームを実行したトライファンズ社の主力メンバーは、まだ20代半ばであった。もしこれが「短期間で経営者の思いを引き出し、意思決定を支援する」ウォールームではなく、「部門調整をしながらの3カ月の戦略策定プロジェクト」だったら、組織の圧力でひとたまりもなかっただろう。

「問いかけ」が、「思考のスイッチ」を入れる

読者の皆さまが、突然、「あなたのモットーってなんですか?」と尋ねられたとしよう。そんな風に聞かれて「それはですね……」と即答できる人はほとんどいないだろうと思う。では、「あなたのモットーっていうのは、『誰に対しても誠実であるということ』ではないですか?」と決めつけて聞かれたとすればどうだろう。今度は、「いや、誠実さとかではないなあ。あえていえば何事にもチャレンジですかね」となりそうではないだろうか。

つまり、「どうですか?」と尋ねるから、答える側は、かまえてしまう。その心中は「これは本気で聞かれているのか?」とか「ここは公式的見解をいうべきところか、真実を語るべきところなのか?」といった感じもあるだろう。だから、もし答えていただいたとしても、かなりよそ行きか、抽象的な話になってしまうことが少なくない。

そのかわり「こうではないでしょうか?」と具体的にこちらが決めつけて聞くと、「いやそうではなくて」と急に相手は話してくれるようになる。読者の皆さまにも、日常的にこうした体験があると思う。

「あなたは肉が好きですよね」と尋ねれば、かなりの人がYESと答えるだろう。だが、話はそこで終わってしまう。これが、「あなたは肉好きと見ましたが、一番好きなのはジビエですよね？」という聞き方をすると、「いいや、ジビエは苦手で、どちらかといえば、鶏肉、豚肉で、脂肪の少ないものが好きです」となったりする。

質問する方が、「言い切り」によって間違うことを恐れると、「食べ物で、肉は食べますか」のような当たり障りのない質問になってしまう。当然、相手は「はい」と答えるが、その後の話は盛り上がらない。ただ、他人に何かを言い切られると、「そうだっけかな」と脳にスイッチが入る。その結果、自分でさえあまり気にしていなかった心の中の真実が浮かび上がったりする。

相手の脳や心の底に眠るアイディアを口に出してもらうための方法は、もちろんこの「言い切り」戦法だけでない。漠然とした話でも、ちょっと工夫をこらせば、議論の効果的な触媒になることがある。

たとえば、「ポストコロナのビジネスはどうなりますか？」というような聞き方だとどうだろうか。「いや、コロナがあろうとなかろうと、我々の顧客に対する姿勢はブレない」といったような、模範解答やよそ行きの答えになってしまう気がする。

でも、ここで「このコロナ禍、失ってしまう顧客がいるとすれば、それはどういった方々でしょうか?」と、若干ひねった感じで聞くとどうなるだろうか。相手はもちろん漠然とは考えていただろう。ただ、明確に意識してはいなかったような感覚があるから、「実際に離反していくのはどんな層だろう」と思考のスイッチが入るかもしれない。

こういった質問は、別に本当に離反する顧客層がどんなものかを知りたかったというわけではない。相手がいつも考えているようなことに、別のアングルから問いかけてみると、その回答はもとより、それ以上にいろいろな広がりが議論に現れる。先の問いかけだと「もともと我々の主力顧客は、北関東の製造業だったんだけど、これが徐々に変わってきたんだよね。というのは、ここにはある特殊事情があって……」といった感じになる。

発想のスタートが「ひらめき」であるのはいうまでもない。そのために、いかに相手の脳に非日常性を与えるかが重要だと思う。それを実現するための有力な方法のひとつが、問いかけを磨くことだと考えている。

Question

現在の組織にある課題が
すべて解決したとしましょう。
あなたの会社は
何が実現できているのでしょうか?

課題を解決した末に経営目標が達成されるとすれば、それは投資家価値だけでなく、どのような顧客価値（社会を変える）や社員価値をもたらすのかを確認したい。もし、そのふたつが置き去りにされているとするならば、事業の社会からの受容度が低くなり、（こちらがどんなに頑張っても）思うような売上げや利益をあげられなかったり、社員にモチベーションがわかず実現力を失っている可能性もある。

現場には多くの課題がある。その課題をくまなく聞き出し、エクセルなどですべて集計し、重要性と緊急性の二軸で重要課題を導き出し、その解決策を戦略としてまとめるといった作業を時々目にする。

一見、合理的に思えなくもないが、結局は、それを解決できたとして、いったいその企業が社会にとってどういう企業になるのか、あるいは従業員にとってどんないいことがあるのかが不明確なままになりやすい。さらには、こうした課題の多くは、将来の脅威みたいなものはうまく拾えていたりする。が、将来発生しうる機会の検討とその享受などの議論が薄くなりがちになるように思える。

たとえば組織中の課題をすべて解決すると、その会社は業界3位から1位ないしは2位になることができるのだろうか。あるいは世の中にまったく存在していなかった事業が忽然と立ち上がるのだろうか。

「御社の課題はなんですか」とお聞きするとたいていの場合は、すぐにいろいろとお答えいただける。それは中計（中期経営計画）などの社外向け資料にも公表されていたりする。でも、「その課題を全部解決すると、どうなるのですか」と尋ねると、ちょっとお悩みになる場合が多い。

すでに何度も述べてはいるが、ビジョンが何で、目的は何で、目標は何で、戦略は何で、と一見、資料の上では隙なしに見えるストーリーに、肝心の魂が見えにくいという状況になっていないだろうか。

読者の皆さまにはご自身の組織でよく話題になる課題、たとえばグローバリゼーションだったり、ダイバーシティだったり、最近ではＤＸ（デジタルトランスフォーメーション）だったりについて、それが何をもって解決されるのかをご確認いただけるといいと思う。

そして、それらの解決のあかつきには、組織が社会にどのようなインパクトをもたらし、そこに所属される社員の方々にどのような恩恵がもたらされるのか、等々をお考えいただくと、安心できたり、あるいはそこから漏れている重要な課題が見つかるかもしれない。

話は横道にそれるが、本書を書くきっかけは、私のかつてのボスであり恩師の影響であることは先に述べた。

その人のところに何かの報告に行くと、いつもすんなりとは終わらない。いや始まらない。たとえば、筆者が「○○の件、報告に伺いました。ええとですね」と始めようとすると、まず「待て」といわれる。そして次に出るのが「その、これからしたいという報告だけど、何をもって報告が成功したと考えたかね」と質問される。最初はまったく意味不明だった。「だって報告に来ただけなんだから、『何をもって成功したか』と禅問答みたいなことをいわれても困るなあ」と思っていると、さらに「君にとって、よい報告と悪い報告って区別はある？」と聞かれる。勢いで「はい」と答えると、「じゃあ、それを考えてから報告してよ」となった。

もちろん緊急案件であるなら、そんな禅問答じみたことにはならないが、本件は特に緊急案件ではなかった。まあ、今から考えると、深く考えない私への教育指導だったんだなあと思う。

よく考えた末にカムバックした。「報告内容は3件あって、そのうちの2件は、今度、社長が○○社に行くときに、この情報を知っていればその商談で有利に進められるというものです。そして1件は、僭越ながら社長が勘違いをされているのではないかということがあり、私の見解をぶつけてご意見を聞こうと思いました」というようなことを答えた。すると社長から「ふたつは私にこう動いてほしいということだね。それを私がYESといえば目的は達するわけか。そして、もうひとつは私が勘違いをしているかもしれなくて、それにしたがっていると自分の仕事が困るということか。なるほど」とまとめが入った。私も「なるほどなあ、だから報告に行く必要があったわけだ」と本末転倒的なことを思った。

それ以来、私は「何をもって病」にかかってしまった。だから、顧客の戦略立案をお手伝いするときも、「何をもって市場の分析が終わったといえるのか」「何をもって次回のステコミが大成功に終わったといえるのか」と考えるようになった。

さて、前述の私のボスの話に戻る。ご自身が卒業された大学の改革プロジェクトに招聘されたときに、この「何をもって」を発動されたという。

50名くらいの有識者が劇場方式のレイアウトで座っている会場で、ファシリテータが「この大学で何をするべきなのか、順番にお話しください」と話し、左から右、1列目から2列目へとそれぞれが「とるべきアクション」を発言していたという。さて、ご本人の出番になり彼は何をいったか。

「ここに50名の方がいらして、ひとつずつアクションを伝えると合計50個になります。この50個のアクションを漏れなくすべて完璧に実行したとします。この大学は何を手に入れるのでしょうか。たとえば大学の東南アジア留学生の志願者ランキングで現状の10位から3位になるとか」という感じだったようだ。もちろん、皆さんの沈黙を誘ってしまったと苦笑いをされていた。

それを聞いた筆者は、その場の凍りつくような雰囲気と参加者の心情が、痛いほど理解できた。この問いかけ（とその後の沈黙）によって、「何をもって大学改革の成功といえるのか」共通の認識がない50名が、それぞれの「とるべきアクション」を語っていることが明らかになってしまったわけだ。このあと順番が回ってきた参加者に対して、特に居たたまれない気持ちを抱くと同時に、議論のときの、こうした問いかけの威力を再認識した。

一気に核心にせまるセントラルクエスチョン

話を本題に戻そう。読者の皆さまがご自身の会社の経営者や事業の責任者だとした場合、次の問いかけにどうお答えになるだろうか。

Question

もし、あなたの会社が、今、突如この世から消えたら、誰が悲しむでしょうか?

これは、前述の「セントラルクエスチョン」と呼んでいる問いかけのひとつである。40分はまあ短い。抽象的な話をしていたらそれだけで過ぎる。かといって、一気に話に入ろうと、具体論から話すと、個別の小さな課題の話にとどまってしまう。そんなときに、うまく議論に入り込むために使っている。

この問いかけは、筆者が「その会社のビジョンが今も正しく機能しているか」を確認するためのものである。

くわしくは次章で述べるが、筆者はビジョンを、「ミッション」「ディレクション」「バリュー」の組み合わせとして考えている。その中でとりわけ重視しているのが「ミッション」である。

ミッションは、直訳すれば「使命」である。そして企業でのミッションは、社会の公器として「社会に果たすべき役割」すなわち「存在意義」である。つまり、社会がその企業の存在を求めているからこそビジネスが成立するという考え方である。

社会が求めていない企業であれば、言い換えれば、社会が求める商品やサービスを提供していない企業であれば、当然、「その企業がこの世から姿を消しても誰も悲しまない」ということになる。つまり、ビジョン、もっといえばミッションの部分に課題を抱えているということになる。

もし、「あなたの会社のビジョンはなんですか?」とか「あなたの会社のビジョンは機能していますか?」と、いきなり相手に聞いたら、どんな回答が期待できるだろうか。奇跡的に何か答えていただいたとしても、とっさの思いつきでしかない可能性が高い。だから、筆者はあえて前述のような聞き方をする。

実は、この問いかけは筆者のオリジナルではない。IBMは2006年に、バリュー・ジャムと呼ばれるオンラインミーティングを開催した。そこには全世界のIBM社員とその家族、さらには取引先企業を含む、104カ国16万人が参加したという。オンラインで議論を始める際、最初にこの問いかけがあったという。

IBMが突如この世から消えたら誰が悲しむのか。「いやいや、いろいろいるだろう」とそれぞれ心に浮かぶ顧客はいる。「でも、本当にIBMでなければならないのか。いや、ヒューレット・パッカードやGE、アクセンチュアなどがいれば同じことはできるかもしれない」。その問いかけに真剣に答えようとすると「実は、自社の社会からの存在要請は薄れてきているのではないか」と時代とのギャップに気づいたりする。まさしく人間の深層心理をついた、うまいトーンセッティングだと唸ってしまった。

実をいうと、筆者自身もそれまでのところ「ビジョンが重要」と口ではいっていたものの、それは「重要といわれているから」、という程度にしか考えていなかったのかもしれない。ビジョン策定プロジェクトなんかより、もっと新しいビジネスモデル創出のプロジェクトのほうがワクワク感があった。だがあれ以来、ビジョン策定（見直し）こそが、戦略の生命線だと強く思うようになった。

三人寄れば文殊の知恵

「いろいろな人を集めて知恵を出そう」とか「よい知恵をもらうために、いろいろな人に声をかけよう」などといわれることが多い。一見、理にかなっているように聞こえる。たとえば欧米、特にアメリカの企業なら、国籍、性別、住んでいる地域の特性は当然のこと、人種の違い、民族の違い、宗教の違いがある中で、多くの意見を出しそれをひとつにまとめていく手法に精通し、その経験を積んでいる。

だが、日本の場合は忖度文化である。「多くの人の知恵」はわかるが、人数が多くなるほどまとめにくくなるのと同時に、どんどんと角がとれ、当たり前の内容に落ち着いてしまう。

とがった戦略を丸くしないためにはどうすればいいか。やはり、ウォールーム形式で限られた人間が短期間で発想し、たたき台をつくるしかないと思う。

そうなるとプロジェクト形式での戦略立案は、そこに仮説があって、その検証のためのものだというくらいに割り切らねばならないと思う。

余談だが、ＰｗＣコンサルティング（のちにＩＢＭのコンサルティング部門に統合）が、自社での年間の会議室の利用状況を調査した際に、３０００件くらいの利用のうち70％が3名での利用だったという。そこで、三人がけのスペースを新たに用意したところ大盛況だったようだ。「三人寄れば文殊の知恵」ということわざのごとく、日本人にはスモールチームが適しているのかもしれない。

筆者は、大勢が参加するプロジェクトの場で、最初に次のような問いかけをすることが多い。これは、経営者と事業の課題について話をするときにも使うものである。

Question

あなたの会社や事業が、このままの状態だとした場合、その「X-Day（終焉）」はいつ頃来ますか？

これは、後続の章でも出てくるが、頻繁に使うセントラルクエスチョンである。X-Dayとは「特別な日」。ここではその事業が終焉を迎える日である。ここでいっている事業は業績が右肩下がりのものではなく、むしろ右肩上がりの絶好調のものを指している。

事業には寿命がある。ここで問いかけているのは「今のまま（このままの状態で）」続いているとすればということである。

この問いに対して、ある人は「3年」だといい、またある人は「5年」だといったりする。別にそれがいつになるかはあまり問題ではない。「終焉がある」という事実の再確認と、「それがどのようにしてくるのだろうか」という発想が、ゼロベースの思考を生むのを狙っている。また、各部門のリーダーたちがある程度共通の危機意識のようなものをもつことから、縦割り意識が緩和され、急に議論がしやすい雰囲気になったりする。

当たり前だが、事業が終焉してから新しい事業を考えても遅い。新しい事業を開発しそれなりの成功を収めるのに3年かかるとすれば、少なくともX-Dayの3年前から新事業の開発に着手していなければいけないことになる。その開始時期を逆算すると今から1年前だった、というような冗談みたいな話があったりする。

もっと極端なケースでは、「この事業が安泰なのは、おおよそあと5年くらいでしょうか?」という感じでこちらが数字を入れて問いかけるときもある。いわば、「寿命がくるのは5年後(ですか)」と決め打ちしてしまうのだ。回答者側は、自分の事業に部外者がケチをつけているように感じ、ファイトの気持ちが出てくるようで、それがいろいろな議論や気づきをもたらしてくれることがある。

不思議なことに、この問いかけに対して「いやいや、まだ10年くらいは全然大丈夫」といった反応が返ってきたことは、今までの経験ではほとんどない。こちらが5年といっているのに「5年か……それは甘い、いや3年だ」といった反応が多い。

いずれにせよ、こうなれば、各部門代表がそれぞれの戦略を「まとめる」「調整する」という雰囲気ではなくなる。

事例 デジタルデバイス製造業K社のウォールーム

K社は、3D風の画像を映し出せるデバイスを製造・販売していた企業である。製品の革新性はほとんどの人間が認めていたが、販売に苦戦していた。

営業に出向くと、営業先は例外なく強い興味をもつ。が、1台数十万円する費用を投じてどのような効果を得られるのかを描くことができず、購買につながっていなかった。たしかにK社の製品はそのディスプレイを設置すると、街行く人々がほぼ必ずその3D映像に目を留めるほどの製品力をもっていた。でも、たとえば顧客が飲食店だとすれば、それがお客様の来店につながることに確信をもてなければ、購買の意思決定は難しい。

K社のオーナー兼社長とのウォールームが実施された。「デバイスを売るのではなくソリューションを売る」などの話は聞き飽きているだろう。本件においても、レンタルやリース、サブスクリプションなど、いわゆる収益モデル変更の議論がなされていた。

議論の中で、当該デバイスを使った広告ビジネスモデルへの転換というアイディアが浮かび上がった。誰もが目を留める映像を映せるのであれば、誘目性が非常に高いビルボードとして企業広告を映し出し、広告掲載料で稼ぐことができそうである。議論は一気に加速した。

事例を説明すると予定調和になることはお許しいただきたいが、実際にこの仮説はK社の事業を加速度的に大きくすることに寄与した。

懸命に事業に注力している経営陣や現場はもちろん、そこを支援するコンサルティングファームでさえ、「一定の枠」の中で思考を制限してしまいがちである。脳に束の間の非日常を提供し、今までと違うアングルで考えひらめきを得る。少人数超短期議論の利点が活かされた事例となった。


40分程度で、経営者の潜在的な意識、発想、野心、課題などを知り、そこから事業モデルの仮説を探りつつ、実行のミッシングパーツを議論する。40分という時間はあっという間だが、この集中力で一気に全体像をつかみ取るということをしなければ、新しい発想は出てきにくいと思う。

トライファンズ社との実験でわかったことは、経営者の皆さまが、戦略立案にまつわるあまりの時間の多さにイライラしていたということだった。実験の当初は「そんな安易な」とお叱りを受ける覚悟でいたが、今は毎回の時間を楽しみにしている。

第3章

ビジョンの意外な戦略性を知る

ビジョンと戦略はつながっている？

経営戦略立案の方法論を書いた本は多い。どの本にも共通しているのは「ビジョンの重要性」である。その一方で、なぜビジョンが重要なのかは理解できるものの、その重要性と実際の効用との間に疑問を感じたりする。

ある経営者から自社の目指すべき姿を聞き、「なるほど」と感動を覚えるときがある。そのときには「この経営者は素晴らしいビジョンを描いている」と、ビジョンの存在を明確に感じる。

だが、自分がビジョンを描くとなると急に困ったりする。そんなことはないだろうか。

戦略立案のプロジェクトに同席させていただくと、必ず、「まず、この会社のビジョンを考えましょう」といった話題になる。が、参加者から意見をもらおうにも、なかなか出てこない。どのレベルで答えればいいのかわからない、自分が口に出したものが本当にビジョンになっているのか等々の心配があるのだろう。

それでもやっとのことで、「自社のビジョン」なるものをまとめてみれば、「顧客中心主義」とか「品質第一」みたいな、なんだか「どこの会社にでも当てはまりそうなもの」が並んでいる。

そして、ビジョンが完成すると、次の作業として目的と目標の設定。いよいよ戦略策定となる。だが、それ以降の作業で、先のビジョンの話題はあまり出ない（まあ、当たり前のことが書いてあるから、どうやってもつながるといえばそれまでだが）。ビジョンはビジョン、戦略は戦略という感じでタスクが進められてしまう場面をよく目にした。

ちょっと極端な言い方をすれば、ビジョンはお作法的には絶対に必要だが、それはそれでとにかくは戦略が重要、という感じにも見える。

時々、戦略を説明する際にビジョンのページが出てくると「まあ、これはこういうことだとして」と独り言が入り、まったくそこを説明せずにページを一気に飛ばし、「さて本題の戦略についてですが」となる場面に出くわす。

やはり「ビジョン」を、「ビジョン」として読むだけでは理解はおぼつかない。

「あなたの会社のビジョンはなんですか？」

経営者の皆さまに、いきなりこの質問をする勇気がない。「何を大上段に抽象的なことをいい始めるんだ」と気まずい空気が流れるか、横にスタッフがいれば「おーい、中計持ってきて（中計に書いてあるから）」となりそうだ。

前章で触れた、ＩＢＭの全社オンライン会議の最初の質問は、ビジョンが機能しているかを確認するための問いかけであった。

Question

もし、あなたの会社が、今、突如この世から消えたら、誰が悲しむでしょうか？

この問いかけに答えられれば、「その会社のビジョンが機能している」と結論づけるのは時期尚早だ。ただし、もしこの問いかけに答えられないならば、「その会社のビジョンは機能していない（過去は機能していたが、今はしなくなってきている）」ということだけはたしかだと思う。

この問いかけが、ちょっと形式張っているとお考えの場合には、こういう表現でもいいだろう。

「あなたの会社が存在していることに、生活者は日々、どんな感謝の気持ちを感じていますか？」

この問いかけを経営者にすると、「うーん」と天井を見上げ、「なんていったらいいんだろう」と困った顔をされることが多い。ただ、心の中には何かイメージがある様子。それでいて、それを筆者にどう伝えたらいいかと困っていらっしゃるように感じる。なにやら嬉しそうな顔をされることもある。特にオーナー経営者の場合、それが多い。うまく明文化はされていないが、この問いかけは、自社にとってすごく重要で、それに応えるべく経営をし（成功し）てきているんだ、とでもいいたげな感じがする。

また、ダブルチェック用に、こんな問いかけをしてみたりもする。

「もし、あなたの会社が、この世に存在していなかったら、今頃、社会はどんな感じだったと思いますか？」

「きっとスマホの大きさが今の2倍だったと思うよ」「コンビニでお金を下ろせるようになるのが相当遅れただろうな」「メガネの値段が今の10倍しただろうね」「自宅でいつでもラーメンを食べられるようにはならなかったよ」。いろいろな答えが返ってくる。

まあ、今では当たり前の自動車、テレビ、電話、さらには電気だって、元を正せばそうだったわけである。

「世の中に求められている」から、その会社は社会から大切にされ、その結果、順調なビジネスをおこなうことができる。逆にいえば、従来はそうだったから、その企業は今も存続している。ただ、顧客は成熟化していく。その成熟度は、地域や対象の業界によっても異なってくる。そのために、定期的な見直しが必要だということである。

ちょっと話が横道にそれるが、かのアップルの創設者、スティーブ・ジョブズは、ソニーの初代ウォークマンをいつも持ち歩いていたという。そこにはソニーへの深いリスペクトと、自身の事業のあり方の指針があったと聞く。

ウォークマンの説明は、今さら不要であろう。それが世の中に出てくるまでは、どんなに市場調査をかけても「電車の中で、ステレオで音楽を聴きたい」という声などなかった。つまりは、「市場にニーズはない」ということである。

だが、それが市場に出るや否や、世界的に大ヒットした。生活者は、はなからそんなものは無理だと思っていたから、それが欲しいとは思いもしなかった。顕在的なニーズはなかったが、潜在的なニーズは大きかったということだろう。

生活者からすれば、ソニーは、自分たちが思いつかないようなものを次々と提案してきてくれる会社である。あの時代、世界中の誰もがソニーを好きになった。

アップルの成功は、ここであえていうまでもないだろう。それまで世の中になかった提案を矢継ぎ早にしてくる。「もしアップルがこの世に存在していなかったら、今の社会はどうなっていたのか」。こんな問いかけを自分にしてみると恐ろしいことだ。

企業のミッションには寿命がある

ビジョンの構成要素を整理しよう。

ビジョンを議論する上で、「ビジョン」という言葉は日本人には抽象的すぎるように感じる。そのため、「ビジョン」を因数分解してみたい。

筆者は、あくまでも個人的にだが、このビジョンについて、「ミッション」「ディレクション」「バリュー」の3つで構成されていると考えている。

最初のミッションについては、直訳すれば「使命」となる。誰に対して果たすべき使命かといえば、B2Cであればそれは生活者、B2Bであれば顧客企業となる。

社会の使命を果たす企業というと、「そんなのは、一握りの企業だけだ」と思われるかもしれない。だが、果たして本当にそうだろうか。少なくとも、今、その企業がそこに存在しているということは、よほど特殊な理由がない限り「社会から必要とされていた」ということになる。

ただ、その企業が社会から必要とされる理由は、永遠に続くものでもない。技術革新、競争環境の変化、生活の成熟化等々、時代は変わるし、社会の要求も変わる。何よりも、それがよいビジネスであれば、後発の企業がどんどんと参画してくるだろう。ゆえに、いつしか「使命は果たされた」ということになる。だからこそ「新しいビジョン」ないしは「ビジョンの修正や再確認」が重要となるわけである。

「あなたの会社の社員にお子さんがいるとして、お子さんはお父さんお母さんの仕事を、幼稚園や学校でどう自慢するでしょうか？」

「お母さんの会社は、アフリカの人たちが、遠いところに水汲みに行かなくていいように水道をつくったんだよ」

「お父さんの会社は、ストックホルムの交通渋滞を解決したんだ」

社員のお子さんが、こんな風に、親の仕事を自慢できたとしたらどうだろうか。働いている本人でなく、お子さんにまでそれが漏れ聞こえてしまうということは、よほどご本人が、会社の使命（ミッション）を果たすことに誇りをもっていると推察できないだろうか。

「今」社会が求めているものがあれば、そこには絶対に競合がいる。競合がいるとすれば、価格競争になる。社会が求めているのは、その会社の商品でなく、同じ機能を安く手に入れるということである。つまり、「ものを圧倒的に安く提供できること」を使命とするならば、それは正しいと思う。

競合を避けるためには、社会の顕在的なニーズではなく、本人ですら勘づいていない新しい価値、すなわち潜在的なニーズを掘り起こすべく、商品やサービスを提案する必要がある。

潜在的ニーズは目に見えない。目に見えないニーズについて仮説を設定し、それに応えるための価値を提唱するということになる。

でも、もしその仮説が外れたらどうなるか。すべての準備や投資はムダになる。一方で、その仮説が当たれば、当面はその会社だけのビジネスが生まれる。いってみればギャンブルであり、そのリスクの対価こそが利益となるわけである。

社会が求めるもの、求めるはずのものを分析し、仮説を立て、そこにチャレンジすれば、失敗もあるだろう。だが、成功すればそのメリットは計り知れない。

社会が求める商品やサービスを開発し、市場にその価値観を提唱できているとすれば、顧客の方からアプローチされる。極論すれば営業不要になる。アップルが新製品を発表するつど、アップルストアの周りにそれを求める顧客が列をつくる。あれがその典型だと思う。

だが、それをしない企業はどうなるのだろうか。使命を終えつつある事業において、魅力の乏しい商材を、顧客へ押し売りしなければならなくなる。そのために、自社の提供する価値に関してのイノベーションを忘れ、「売り込み方」にイノベーションを求めるようになる。

筆者の専門領域は、B2B営業の強化であるが、売れない商品を無理に売るためのイノベーション（営業強化）というのは苦しい。

社会が求める商品やサービスの開発にイノベーションを向けているのか。それとも、社会が必要としない（売れない）商品やサービスを、いかに顧客に押し売りするかにイノベーションを向けているのか。前述の問いかけは、こうしたことを確認するためのものである。それと平行して、経営者の皆さまに、その会社が今日まで存在している理由としてのミッションの存在、そして、その寿命について、今一度お考えいただきたいという目的がある。

前述の一連の問いかけについて、私の感覚では、気分を害されたという方にはお目にかかったことがない。オーナー企業だったり、ファミリービジネスだったり、カリスマ経営者だったりするほど、この問いかけを歓迎され議論が盛り上がる。そして、いつのまにか、今後のあるべき姿が浮かんでくる。

それを体験するたびに、「戦略のつくり方などというものはない」のだと痛感する。要は、発想のスイッチを入れる、それだけのような気がする。

そのような意味から、「ミッション（使命）の再確認」は戦略策定の起点だと思う。そして、そういう意味では「ビジョンが大事」という言葉は身にしみる。

筆者は、お客様が「業績が悪くなってきた」といわれている場合、即座にその挽回策（アクション）を考えないことにしている。

「その企業の存在意義に、終焉が来ているのではないか（ミッションが期限切れになっているのではないか）」と考えることこそが、新しい戦略発想の最大の近道だと思っている。

よい戦略には弱点がある

ミッションの本質とその限りない戦略性が明確になったと思う。そして、「ミッションの再定義や再解釈がおこなわれた」とか「新たなミッションが定められた」としよう。

次に検討すべきは、ビジョンの構成要素の2番目の「ディレクション」。ディレクションとは、日本語でいうと「方向性」である。が、方向性という日本語は物事を曖昧にする場合に使われてしまう。英語のディレクションは、日本語の表現よりもずっと明快さがあるものだと思う。

ディレクションを決めるということは、平たくいえば「やることの範囲を決める」ということになる。そして、やることの範囲を決めるというのは「やらないことを決める」ということと同義になる。

この「やること」と「やらないこと」の議論こそが、戦略論でいうところの「選択と集中」につながっていく。したがって、ディレクションは「戦略立案のための起点」と解釈できる。

図表3-1は、ビジョンと戦略、計画との関係を示すものである。社会での自社の存在意義（使命）があり、その使命を実現するために、自社として何をやるのか（何をやらないのか）を決める。このディレクションは戦略立案の起点、そしてスコープとなる。さらには、戦略の実行のために計画が必要になる。

こうしてみると、中期計画なり年次計画からその企業の戦略を把握しようとすると、本質を掴むという意味ではかなり無理があると思われてならない。やはり、王道は、ミッションからのウォークスルーだと再認識される。

ディレクションを議論するにあたっては、現時点ではうまい問いかけが見当たらない。もし、読者の皆さまで何かいいアイディアをおもちであれば、ご教授いただけると幸いである。

現時点では、筆者は次のような問いかけをおこなうことにしている。

図表3-1　ビジョンの構成要素と戦略、計画との関係

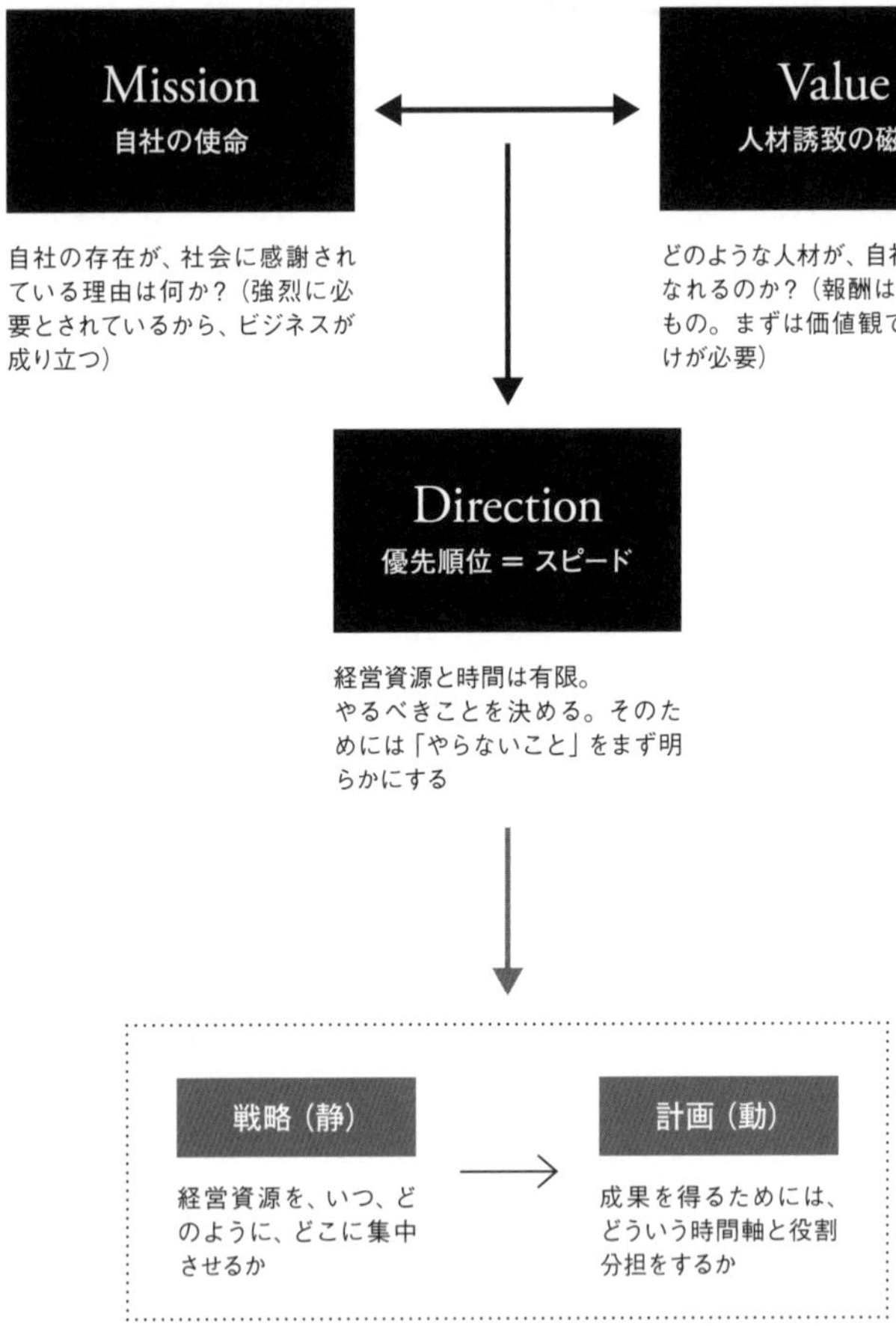
自社の使命
自社の存在が、社会に感謝されている理由は何か？（強烈に必要とされているから、ビジネスが成り立つ）
どのような人材が、自社で幸せになれるのか？（報酬はついてくるもの。まずは価値観での動機づけが必要）
Direction
優先順位 = スピード
経営資源と時間は有限。

成果を得るためには、どういう時間軸と役割分担をするか

出所：Tryfunds “The Decision”

Question

あなたの会社は新しい戦略を策定されましたが、それにより、どこが弱くなりますか?

実際には立案された戦略が、本当に戦略(選択と集中)になっているかを自問自答するものであるが、そこからディレクションの設定に不整合がないかを確認している。

この問いかけをすると、「(何を失礼なことをいうのか)今回の戦略は完全無欠であり欠点などない」とお叱りを受けるリスクはある。が、たいていの場合においては、「えっ、どういう意味かな?」と質問の意図を確認される。でも、それが理解できると、経営者の方々は、「選択と集中」の犠牲になった領域を楽しそうに説明する。まずはそこで、その会社が「選択と集中」をおこなう風土がある(受容度が高い)とわかる。ただこれは、戦略が戦略として成立しているかを確認するための問いかけであり、ディレクションの明確さを直接確認できるものではない。

この問いかけの回答を参考に、「そもそも論に戻るのですが」と前置きをする。その上で、その企業のミッションとその寿命、ディレクションの明確性を確認する。

もしこのワンクッションを置かないで、「ミッション」だの「ディレクション」だのとビッグワードを振り回しても、まったく会話にならないことは明白だと思う。

元来、戦略は膨張しやすい。戦略策定の初期段階では、「選択と集中」を肝に銘じつつ、いろいろな議論がおこなわれる。その中で、ここが問題とか、ここも対応が必要、となる。結局、選択と集中どころか、八方美人対応になってしまう。

これを防ぐには、ウォールーム形式、少人数による集中討議しかないように思う。もし、何かしらの事情でそれができないとすれば、筆者ならミッションとディレクション関係を再度確認するだろう。

新しい戦略には新しいスキルと人材が必要

ビジョンを、ミッション、ディレクション、バリューの組み合わせで考えているということをご説明した。そして、ここまではミッション、ディレクション。

残るはバリューである。日本語でいえば「価値観」と訳されることが多いと思う。新しい社会における、新しい自社の存在価値がミッションとして再定義された。そして、その実現に向けての選択と集中の方向性が確認された。ここからさらに、ディレクションを受けてのビジネスモデルの変革や、新市場への参入等々が検討される。

一方で、新しいミッションの実現、そのための新しい戦略の策定と実行、という「新しいこと」を実現するためには、新しいスキルが必要になってくる。そのスキルを保有する人材を誘致し、活性化させるのがバリューの役目である。

余談だが、変革を起こすのは「わかもの」、「ばかもの」、「よそもの」だといわれる。違う考え方、違う技術をもった「異人種」が必要となり、このような異人種をどのように誘致し、どのようにその能力を発揮させるかについては、後続の章でたっぷりと議論していきたい。

第4章

人材獲得戦略を「南極探検」「建築家の素養」に学ぶ

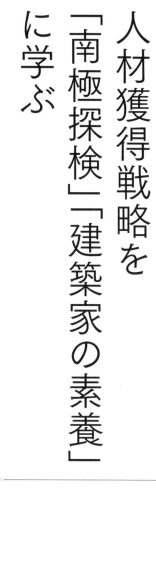

人材誘致の磁石「価値観」

この章では、ビジョンを構成する3つの要素のうち、最後のひとつである「バリュー」について語っていきたい。さて、このバリューという言葉、日本語で表せば、会社や組織、さらには社員の価値観とでも表せよう。この価値観がどう経営戦略に役立つのだろうか。そのあたりをくわしく議論していきたい。

戦略を立案するにあたり「暗黙の無理」みたいなものが、無意識に発想を止めさせてしまうことが多い。その無理の最たるものが「スキル（人材）」だと思う。

高度経済成長期のように、「人材というより、まず人数」という場合には、不足に対しても、ＩＴ導入による業務自動化で圧縮、という解決ができる。だが、今度の議論は、人数でなく人材である。まだ大企業なら人材はある程度いるだろうが、中堅企業となると深刻なところも多い。

ＡＩがホワイトカラー人材の肩代わりなんて話もあるが、まだとても現場がそれで動くとは思えない。グローバル人材、ＤＸ人材……と、単に「優秀な人材」というのとは違う、特別なものが求められてきている。人材を探しにいくのではなく、来てもらうようにするための、いわば人材誘致の磁石がバリュー（会社の価値観）の発信である。

よほどの大企業、有名企業であったとしても、人材の悩みを抱えていない企業など、あるわけがないと思う。経営者の皆さまに、「人材面での課題はありませんか」などと聞いたら、お叱りを受けるのは明白である。

早速、話が横道にそれるかもしれない。私は、以前に比べると、オーナー企業、ファミリー企業に対する認識が１８０度変わった。卒業間近で就活をしているときは、正直なところ、オーナー企業の創業者ファミリーと社員との関係は、主人と家来みたいだと感じていた。創業者のＹＥＳマンがはびこる世界ではないか、というくらいに勘違いしていた。

そのうち、「トップが、自らリスクを負い、リーダーとしてのポジションをとれる形態」だと理解できてきた。むしろ、新しいことを勇気をもって始められるのはオーナー企業、ファミリー企業が一番だと思うようになっている。

特に、初代から2代目と続いてきて、３代目くらいになると、経営環境は創業者の頃に比べてまるで違う。それまでの成功要因は新しい時代では通用せず、今までのままでは生き残れない。創業以来の何を残し、何を変えるか、社員にはない苦渋の「決断」がそこにあるのではないかと思う。

Question

あなたの会社の社員は、自分のお子さんたちを、自分の会社に入れたいと思っているでしょうか？

はじめてお会いするオーナー企業の経営者によくこれを尋ねる。結構、びっくりされる。でもこのびっくりは、意地悪な（嫌な）質問だな、ではなくおもしろい（意外）と感じられているように見える。

もちろん、この問いかけの相手は、同族会社のオーナーに限ったものではない。同族会社ではない企業の代表でも、また部門を統括するリーダーでもいいのかもしれない。

この問いかけの意図は、特にその答えを具体的に聞きたいというわけではない。まずは、こういうことを普段考えられているのかを確認したい。

筆者がこの質問を使うのは、いつもとは違うアングルから固定観念を取り払い、人材について、フレッシュな感覚で考えていただきたいときだ。

会社に勤めていて、自分の子供まで自分の会社に入社させたいというのは、その会社のマネジメントが健全であることを示す有力なバロメータになりえると思う。

もちろん、その会社の仕事が楽だとか、能力に比べて法外な報酬が支払われているとかの例外はあるだろう。ただこうした場合でも、その従業員の方は、さすがに大事なお子さんには、それはおすすめしないだろう。

さて、先の問いかけに、経営者の皆さまはどうお答えになるだろうか。

「ウチの社員は、子供をここで働かせたいと思っているのではないかな」という回答が結構多い。もちろん、「うーん、まいったなあ。ちょっと考えてみるよ（時間をくれ）」といわれることもある。

そして、即座にYESとお答えいただいた経営者の方々には、尊敬と自分の学びへの期待を込めてその理由を尋ねる。それはたとえば、やりがいのある仕事、公正な評価、いつも自分を正しい方向に導いてくれる上司、いつも自分を支援してくれる仲間、自分の成長を実感させてくれる仕事、自分の市場価値を上げるための場の提供など、さまざまである。

南極探検隊の隊員募集の広告

筆者は人材戦略を語る場合、人材がその企業にだけ期待すること、すなわち、その会社の「社員を誘致する磁石」が何かについてから議論をさせていただく。

特に経営者の方々とお話しする際に、とても雄弁で効果抜群の言葉を披露させていただきたい。

これはリンクアンドモチベーションの小笹芳央会長に教えていただいたものである。はじめてお会いしたとき、小笹会長は、この言葉が書かれている資料（図表4-1）をいきなり私にお見せになり、「これって、なんだと思います？」と尋ねられた。

なにやら人を募集しているらしいが、人に本当に来てほしいなら、もっと言い方があるのではないかと思う。私の表情に満足したかのように小笹氏は答えを教えてくれた。

これは、アーネスト・シャクルトン卿が、南極探検隊の隊員を募集したときの広告。世界でもっとも古いリクルーティング広告のひとつだそうだ。

読者の皆さまが会社の経営者で、リクルーティング担当の社員から「これが当社の今年

図表4-1　南極探検隊の隊員募集広告

求む隊員。
至難の旅。わずかな報酬。極寒。暗黒の日々。
絶えざる危険。生還の保証はない。
成功の暁には名誉と賞賛を得る。

の新卒採用のメッセージです」といわれたらどうだろう。間違いなくボツにすると思う。

　で、この南極探検のリクルーティングの結果はどうだったのか。実に、求人数の何十倍もの応募があったという。

「若い人たちは、挑戦や自己実現を求めているんですよ。あなたにもそんな時期があったでしょ？」と小笹氏から問われて「なるほど」と思った。別に奇を衒《てら》っているわけでなく、真剣かつ正直なメッセージであり、これをおもしろいと思う人こそが、シャクルトン卿の求める人材だったのかと思った。

　この「南極探検」だが、今までさまざまな経営者にお見せした。最初は何が始まるのかと怪訝そうな顔をされる。そしてこれが、南極探検隊の隊員の募集で、世界でもっとも成功したリクルーティング広告だと説明すると、「なるほどなあ」と急にじっくりと凝視される。そして、例外なく全員から「これ、あとでメールで送ってくれないか」とリクエストされる。

Question

あなたの会社でのかつての「南極探検」はなんですか？

続いてこの質問をする。

芝居がかった書き方になるが、ほとんどの方が、一瞬、天井のほうを見上げて遠い目をされる気がする。そこから、ご自身の若い頃の冒険談が始まる。この時間は、筆者にとってすごく楽しい時間になる。そして勉強になる。

学生時代の話、就職した新人時代の話、はじめてリーダーになったときの話、そして徐々に責任が重くなり、いろいろな意思決定をしなければならなくなってきた話などなど。それは、まさに高度経済成長期時代から始まった企業戦士の物語である。ここまで盛り上がってしまうと、さすがに40分では到底足りない。

この話をお聞きすると、初めてお会いした経営者でも、距離感がだいぶ縮まる（少なくとも、数分前にお会いしたときとは空気が違っている）。お祭しのとおり、ウォールームの成功確率は、その場の雰囲気のよさに左右される。この南極探検が出てくると、一気に議論が盛り上がる。

南極探検のリクルーティング広告の話でしばし盛り上がったあと、この問いかけをおこなう。


「では、今この時点でのあなたの会社の『南極』は何になりますか?」


これについては、あるアパレル会社の個性豊かな名物社長の反応が忘れられない。その方は、古着の露天商から一大アパレル企業を築き上げられた。まさに裸一貫、徒手空拳での会社立ち上げには、いろいろなご苦労があっただろう。が、すべてを自己実現として楽しんでこられたと笑う。お話をお聞きするたびに、私自身、いい歳をしてうっとりと聞き惚れてしまう。

その方は、そこに書かれている文字を凝視しながら「僕があの時代に生まれたとして、あの南極探検募集があったら絶対に応募していた（残念だ）」と大きな声で、まずいわれた。筆者もご本人を見ていて、この方は、たしかに応募されただろうなあと心の中で大きく頷いた。

話は本題のほうに移った。そして「この南極がさ、今、ないんだよ」とため息をつかれた。南極がないのは、果たしてその経営者ご自身にとってなのか、それとも社員にとってなのか。お聞きしてみたところ「両方だよ」とお答えになった。

「自分はいつでも仕事が楽しかった。そして会社も大きくなり、昔とは比較にならないほど、高学歴の人材も採用できるようになった」。その言葉から、その方は南極ではなくても「至難の旅」からの生還を繰り返してきたという実感をおもちであり、今、社員にとってのそれがないことを寂しく思われていることがわかった。

自分の新しい南極も重要だが、今は、自分の会社に入社した若い人たちにとっての「南極」を考えなければならない、と、ふといわれた。そこから、かなり深刻でタフな議論が始まったが、数十分後には、自社のビジョンの再定義、組織戦略、人材戦略のあり方など、おおまかなカタチができてしまった。

某ＩＴ企業の経営者のときも同じだった。

その方は、先のアパレル会社の社長とは正反対のキャラクターの方で、もの静かであまりご自身のお考えを出さず、現場からの意見に耳を傾けていくタイプの方だと事前にお聞きしていた。経営企画の方からは「社長はご自身の中で、実はこういうことをやりたい、と心に秘めているものがありそうなんです。ただその言語化に悩んでいると思います。我々としてもぜひそれを聞きたい」と依頼された。

心配は杞憂に終わった。結局、南極探検の話で一気に話が始まり、そこから新しいビジョンの輪郭や営業戦略のあり方が議論された。

ご自身にとっての「南極」は、ある事業の立ち上げだったという。その事業は現在、中核事業として会社を支えている。ただし、今まではある意味プロダクトアウトでよかったが、今後は地域に根ざしたサービス事業者へと変わっていかねばならないとお考えのようだった。この部分の話はくわしく書けないが、ビジネスモデルのあり方やそのためのM&Aまで、話は進んだ。

その会社はIT企業として上場されているが、大手と比べれば人材の採用に苦心されている。「南極の存在で、大手よりも優れた人材をとる仕掛けにしなければならない」と、その企業にとっての南極すなわち「人材誘致の磁石」の構想について議論が深掘りされた。

楽という文字をどう読むか

『楽』と書いて、『らく』と読む人、『楽しい』と読む人がいる」

これは、私の崇拝するある経営者が、よく口にされることである。これを企業の人材誘致で考えるとすれば、企業は「楽（らく）」を求めている人が欲しいだろうか、それとも、その仕事の難しさを「楽しめる」人が欲しいだろうか。

「ワークライフバランス」という言葉が定着して久しい。その重要性は、筆者も一応家族持ちということもあり、重々承知している。承知しての発言だが、これは誰もが望むことなのだろうかと、時々疑問に思う。私が知る若い人たちの中には、「自分は仕事をさせられているのではない。市場価値の向上、自己実現に向けて、思い切り仕事をしたいんです。でも上司はワークライフバランスという評価指標があるらしく大変なんです。だから、家に持ち帰ってやるんですよ」といった人が多い。また、海外で仕事をした人はおわかりのとおり、「日本人は仕事人間」といわれているが、海外の彼らのほうがもっともっと仕事人間だったりする。

「当社はワークライフバランスを重視しています」というのは、応募者を安心させ、その母数を大きくするためには効果的だ。ブランドのある大企業であれば、そこからスクリーニングし、自社が欲しかった人材を絞り込めばいい。だが、多くの企業ではそうはいかない。誰でもよいわけではなく、だからこそビジョンの構成要素のひとつであるバリュー（価値観）を前面に出し、それを人材誘致の磁石にしなければならない。でも、最近の風潮は、従業員に冒険と自己実現の場を与えるというよりも、どんどん楽にさせることを、人材誘致の磁石にしようとしているようにも見受けられる。

〝一般的に優秀な人〟には興味がないと言い切れるか

即答されることが滅多にない問いかけをご紹介しよう。

「あなたの会社で幸せになれる人は、どんなタイプの方ですか？」

しばし考えられた末に、「家族的な雰囲気を好む人」とか「若いときから大きな仕事を任せられたいと思っている人」かなあ、と若干、苦し紛れにも思えるような返答が返ってくることが少なくない。

「家族的な雰囲気」は組織モデル（責任と権限）が曖昧であることが、その裏に隠れているかもしれない。「若いときから大きな仕事」についても、結局、自分を支援するリソースもなく孤軍奮闘させられるパターンかもしれない。

一般的に考えれば、リクルーティングの成功要因は、とにかく広く応募者（母数）を確保し、その後の面接でふるいにかけるというものだと思う。

だが、この方法は、大企業、人気企業なら機能するとしても、それほどのブランドをもたない企業や、人口（母数）の少ない地方の企業、中小企業には苦しい。

であれば、そうした企業はいっそのこと、図表4-2のように「我々は優秀であれば誰でもいいわけでない。一般的に優秀だといわれている人間には興味もない。我々が欲しい人材は、次に示すような価値観をもつ人材だ」としたほうが、断然効果的だと思う。

原本は日本語ではない。ある方が翻訳したものを、私なりに簡素化させたものである。これは、ある職業について、そこに従事するためにはどういう素養が必要であるかを示したものであるという。

自然科学（理科系）の素養も必要だが、人文科学（文科系）の素養もまた必要としているといっている。

図表4-2　建築家の素養

「文学を楽しみ、絵画に熟達し、幾何学に精通し、歴史への造詣が深く、哲学を理解し、医学の知識を持ち、音楽を楽しみ、法律を知り、星座を愛し、天空理論の知識を持つもの」

種明かしをすると、これは、古代ローマ時代の建築家ウィトルウィウスが「建築十書」という建築理論書に記載したものである。

これを提示する場合においても、先の南極探検同様、答えを最初にいわず、まずはご覧いただく。そして「これは、ある職業に関する世界最古のバリューステートメントのひとつです。その職業がなんだか想像できますか？」と尋ねる。

ほんの少し考えていただき、そこで種明かしをする。

「これは『建築家の素養』を示したものですよ」と説明すると、「ああ、なるほどぉ」と関心されたり、「へえーっ」と意外そうな顔をされたりする。

これをもう少々補足すると、「建築家になりたいという人がもっていなければならない素養」を記したものである。

さらに言い換えれば、「建築家という職業を楽しめるかどうかのチェックポイント」だともいえる。

建築家たちが、建築家になってほしい人材の要件を正しく伝えることで、本当に素養のある人間だけを選びたかったという気持ちが伝わってくる。

「優秀な人材」が欲しくない企業はない。ただ、企業によって、求めている「優秀さ」の種類は違う。自社が欲しい人材に来てもらいたいなら、自社の価値観を発信しなければならない。そのためには、自社の価値観（バリュー）をしっかりと定義しておかなければならない。

余談であるが、数十年前、筆者が大学受験生のときに、東京理科大学の工学部の建築学科の案内に、これがさらにやさしくわかりやすく書いてあった。本書を執筆する際に参考にさせていただこうと思ったが見当たらない。あのときに書かれていたことを思い出しながら原文を意訳した。当時、工学系の学科で建築というと、その中でもトップクラスの難易度であった。偏差値が高い人間でなく、建築を職業とするにふさわしい人間を選ぶという考えだろう。今さらながらその素晴らしさに驚いている。

ご自身の所属される会社のホームページをご覧いただきたい。どこかに書かれている自社の価値観（バリュー）の部分は、自社の新しい戦略を実現するためのバリューステートメントになっているか、もっといえば、自社のバリューが明確で本質をついたものか、チェックいただくとおもしろいと思う。特に、この会社でなく他社でもどこでも当てはまってしまいそうなことが「バリュー」として書かれているケースが少なくないと思う。おそらく、議論の当初は、かなりとがったものもあったと推察される。それがさまざまな段階の承認を得るごとに「角が丸くなっていった」のでは、と邪推している。

第5章

ジャイキリへの挑戦

圧倒的な強者を弱者が倒す「ジャイキリ」

「ジャイキリ」と聞いて、すぐにピンときた方はどのくらいいらっしゃるだろうか。これは、本書の編集者、東洋経済の黒坂さんのメモから知った言葉だ。絶対に勝てないとされていた弱者が圧倒的な強者を倒すことを「ジャイアントキリング」と呼ぶことは知っていたが、その略語ということらしい。ジャイキリという言葉が日常的に使われるようになってきた背景には、ラグビーの日本代表の活躍がある。

ここはちょっと筆者の趣味の話になってしまうが、2015年のラグビーワールドカップで、過去2回の優勝を誇る南アフリカを日本代表が最後の最後に逆転して初勝利を収めた。

世界のメディアは、当初それを「ワールドカップ史上最大の番狂わせ」と報じた。そしてちょっとして、それを「ラグビー史上最大の番狂わせ」と訂正した。その後さらに、「スポーツ史上最大の番狂わせ」と訂正した。そして、それから4年後の2019年の日本でのワールドカップ、そこで当時世界最強と称されていたアイルランドを破った。このときの報道は、「もうまぐれとはいえない。また日本がジャイアントキリング（世紀の番狂わせ）をした」と報道した。

このジャイアントキリング、いや「ジャイキリ」。これこそが、「戦略を練る」ということの醍醐味ではないだろうか。本章では、このジャイキリの実現に焦点を当てていきたい。ジャイキリの説明を意気揚々としておきながらなんだが、ちょっとその前に読者の皆さまと確認しておきたいことがある。

それはそもそもの戦略の目線である。ジャイキリという以上、目線を相当高くもたなければならない。目線を高くせずして、やっているうちにジャイキリになったとはいかないだろう。

目線は高いに越したことはない。が、目線が高いということは、実行も難しいということになる。だからといって実現できそうなことばかりではまずい。ジャイキリどころか、将来の事業存続にも関わってこよう。

ここではそのジレンマを束の間棚上げし、戦略の目線について、まずは皆さまといろいろと議論させていただきたい。

「妄想」を抱けるほど目線は高いか

アインシュタインの名言を借りれば、**「一見、馬鹿げたアイディアだと感じるものでない限り、それはアイディアではない」**。

ジャイキリなどと勇ましいことをいっているわけだから、この馬鹿げたアイディアが欲しい。当然、ここでの問いかけは次のようなものになる。

Question

> あなたの会社が
> 「世紀の大番狂わせ」をするとしたら、
> それはどんなものでしょうか？

ちょっと芝居がかった問いかけだとは思う。でも、この問いかけをすると、経営者は楽しそうにされる。立場上、軽はずみあるいは無邪気にはいえないようなワイルドアイディアを結構おもちだったりするからだ（本当にワイルドで椅子から転げ落ちそうな場合も時々ある）。

経営戦略やそれに基づく中期事業計画をつくるにあたり、その「馬鹿げたこと」を考えずして、ただただ各部門に意見をもらい、全社での縦軸（市場／顧客）と横軸（商品／サービス）の整合性をとっていた、というのではあまりにももったいない。

ただ、その一方で、投資家をはじめとするステークホルダーへの対応もあって、こんな発想を公式の戦略策定、あるいは経営計画策定のサイクルで実現するのは無理だという状況もあると思う。ここについては、あとで述べることとする。

問いかけに戻ると、経営者の方々からは、意外なくらいスムーズにいろいろなお話が出てくる。おそらくそれは、今、ふと頭に浮かんだのではなく、過去、仲間内でのちょっとした会話で出てきた半分冗談めいた妄想だったり、ある日、誰かが思いつき、社内で真剣に議論した末、結局はお蔵入りしてしまったスーパーアイディアだったり、いろいろだと思う。

あとは、ご自身が常々、心に描いていたものの、なんとなく社内の雰囲気や政治等々からそれを議論することを躊躇したと正直に告白していただいたこともあった。

今まで躊躇していたものを、なぜお話ししていただけるのか。その理由は私が部外者だからだろう。加えて、少人数での超短期間ディスカッションだからだろう。

少人数（座談）の効用については、読者の皆さまも実生活でいろいろ体験があると思う。ここでは、形式張った話や、そもそもといった話を伺う暇はない。最初に「40分で」とお断りしているから集中でき、かつ距離感の近い議論ができるのだと思う。

すると、おもしろいことが起きる。そのアイディアが出た当時は、まったく実現性がないと思われていたのに、今の技術だと簡単に実現できるようになっていたり、あるいは、M＆Aのような、当時はいろいろな理由で躊躇してしまった手段が、今なら普通に検討できるようになったりしている。「あ、今ならできるね」となることがある。

当たり前の話だが、すべての企業が「世紀の番狂わせ」ができるわけがない。が、夢を描いてみるのは悪いことではない。どんな小さな企業であっても、それを口に出せば、非現実的、分不相応といわれるような妄想をもっていいと思う。

今を時めくソフトバンク、ユニクロ、海外でいえばグーグル、スターバックス等々は、最初に妄想を描き、それを実現してきた企業であることは広く知られている。

何よりも、若い世代の社員に、また希望とモチベーションが生まれるはずだ。

つくっているのは経営戦略か、経営計画か

コンサルタント時代のスタッフたちと話をすると、「最近は戦略策定の仕事ばかりですよ。『チューケイ』ばかりつくってます」という話をよく聞く。チューケイとは中計。いわずもがな「中期経営計画」である。それなりの大企業を顧客にした、いわゆる経営計画策定のファシリテーション的な仕事なのかなと想像がつく。

ただその話にはちょっとだけ違和感が残る。それは、彼らが「中計をまとめると、それがすなわち戦略をつくったことだと思っていないか」ということである。

経営戦略と経営計画は、いろいろな局面で混同されがちである。たしかに、資料になった場合には、両方が別々というのはあまりなくて、経営戦略に重きを置き、その中に計画が入っていたり、経営計画に重きを置き、その背景として戦略を語っていたりと形態はいろいろある。

戦略は、選択と集中を着眼点に、その企業の「勝ち方」あるいは「勝ち残り方」を考えるものである。一方で、**計画は、戦略で決められたスキームに基づき、どの経営資源をどのような時間軸で割り当てていくのか、そして、その結果どのような時間軸**

で、どのような業績インパクトがもたらされるのかを整理するものといえる。つまり、論理的に戦略と計画は別物であり、資料の中での同居はあるが、検討は別というのが理想だと思う。

そう考えると、戦略がないのに計画ができるはずはない。と、いいたいところだが、そう単純にはいかない。というのは、投資家というステークホルダーが存在するためである。彼らが1にも2にも求めるものはコミットメントである。投資先の経営者はどのような業績をコミットしているのか。まずはそこである。したがって投資家の要求を満たすべく、現状とのギャップを埋めるための戦略をつくれ、ということになる。

彼らからすれば、もちろんジャイキリは大歓迎。ただし、そこにすぐに数字がついてくればの話である。自らの資産を投資している彼らとしても、膨大な外部情報を収集し、今後の機会と脅威、さらには成長のポテンシャルを分析し、彼らなりの考えを、数字としてもっている。

当然、経営計画策定の際には、彼らの期待値を、目標値として考慮する必要がある。極論すれば、経営計画の概要は、経営戦略を策定する以前に決まってしまうということになる。経営計画のゴールと、現在のままでいた場合の見通しのギャップを分析し、それを解消するという目的で、経営戦略は検討される。これはこれで正しい道筋だと思う。が、なんだかやらされ感みたいなものを感じてワクワク感がない。

投資家の期待を最初は一切考えずに、既存の経営計画策定サイクルの外で、自由に戦略を描いてみる。そんな機会でもなければ、ジャイキリは難しいのではないかと思う。

「あなたの会社の中期計画は、目標ありきですか、構想ありきですか？」

これは、今述べたことを、ストレートに問いかけにしたものである。

「目標ありき」の計画策定とは、文字通り、最初に達成すべき目標が与えられていて、それを実現するための戦略を描き、実現に向けての計画をまとめるという方法である。与えられた「目標を達成するために、どうすればよいか」を考えるというシンプルなものである。当然、戦略策定のスコープや深さは、目標がどのくらいの大きさになるかに規定されることになる。

一方、「構想ありき」の計画策定のほうは、チェンジドライバーを見極め、そこからビジネス機会と脅威を見定め、それに対応すべく新しい戦略を描き、それを実現する方法を計画としてまとめるというものである。設定する目標の大きさは、その構想の大きさや実現可能性により変わってくるという考え方である。

まあ、前者は演繹的アプローチ、後者は帰納的アプローチとでもいえよう。

もし達成すべき目標が先に与えられるとした場合、経営計画を策定する一番手軽な方法は、各部門からの数字を集計するという方法である。集計してみてそれが目標に到達しなかった場合には、事業部門に再考のリクエストを出すというループになる。現場からの積み上げが目標に達したところで、このループは収束する。あるいは、目標に達するように元気のよい事業部門に数字を足して帳尻を合わせるという感じだろうか。もちろん、大なり小なり、事業計画の策定の局面ではこうしたことはある。だが、最初からこれであっては組織としての大きなチャンスを逃してしまう気がする。

ちなみに、筆者は、こうやってできあがった経営計画を「フランケンシュタイン」と呼んでいる。残念ながら、経営計画をもって経営戦略を立案したという感じの組織には、このフランケンシュタインが少なくないように思う。もったいない気がする。

「同業とのいつもの戦い」であれば、数値を積み上げる演繹的アプローチでも、各セグメントの数字を少しずつ上げることでもなんとかなると思う。ただし、同業との戦いと規定しないでよいとすれば、「今の社会、何が必要とされるか」というビジョンからくる正統派的な戦略発想ができる。となれば、「今までにないとてつもない発想のビジネスモデル」が誕生する可能性がある。ジャイキリは、こうした「発想からのアプローチ」でなければ難しいだろう。

今までのウォールーム実験では、それこそ「中計をつくるのでそのインプットに」というリクエストが少なくなかった。が、中計のサイクルとはまったく違うタイミングで、経営者の壁打ち相手として「一切の制約なく今後を描いてみる」というリクエストも、意外なほど多くあった。これこそ、ジャイキリの可能性を経営者が探ろうとしているものだと思う。あとは、正規サイクルでまとめられた経営計画（経営戦略）のセカンドオピニオンとしてのウォールーム開催の要望もあった。

成長戦略を議論する

「発想のやり方はひとつではなく、いろいろありますよね」ということを頭出しし、相手の思考の柔軟性を確保しておくための質問がある。

「あなたの会社が戦略を策定する場合、既存の事業や技術のシナジーを起点としますか？　それともまったくゼロベースで考えますか？」

戦略策定を教科書的に考えれば、まずは「自社の強み」を考え、次に、それを活かす方法は何かと考えるべきだろう。事実、どの企業の新規事業プロジェクトに参画してもさかんに「自社の強み」という言葉が飛び交う。自社の強みは当然企業によって異なる。たとえば、研究開発力だったり、営業力だったり、顧客基盤だったりいろいろである。

でも、どうもこの方法でイノベーションが生まれたという事例をそれほど多く聞かない。なぜだろうか。考えるに、その「強み」が競合に比べて明快に差別化をうながすほどのものではない場合がある。つまり、自社の強みの比較対象が「競合」ではなく、「自社のプロセスの中では」になっているからなのかもしれない。

もしそうであるなら、戦略を無理に教科書通りに「強み」云々から引き出す必要はないと思う。

同じようなことを確認するために、次の問いかけをおこなうこともある。

「あなたの会社の成長戦略は、既存顧客（市場）の深堀りでしょうか？　それとも新市場への展開でしょうか？」

ここでの問いかけは、新たな市場への進出なのか、それとも既存顧客からのビジネス獲得なのか、ということを聞いているが、もっと丁寧に考えると図表5-1のようになる。

このマトリクスは、いわゆるアンゾフのマトリクスの軸を利用しながら、若干修正を加えたものである。

横軸が「市場へのチャレンジ」、縦軸が「顧客へのチャレンジ」となる。

象限Aが現時点の状況だとした場合、成長の道は3つある。ひとつは、象限Bの顧客への深堀りであるが、これは「既存顧客に新しい商品を展開する」というものである。一方、象限Dは新市場への展開であり、これは「既存商品を新しい顧客に展開する」というものである。この象限Dについては、さらに、誰も手をつけていない「ホワイトスペースを狙う」（D1）というものと、「競合の牙城を崩す」（D2）というものに分けられる。ここで3番目のオプションとしては象限Cであるが、これは「新しい市場で新しい商材を展開する」というものである。象限Cにいくのは、当然のことながら、象限Bや象限Dにいくのとはわけが違う。ギャップは、技術やスキルセット（人材）だろう。ここはM&Aの出

図表5-1 成長戦略マップ

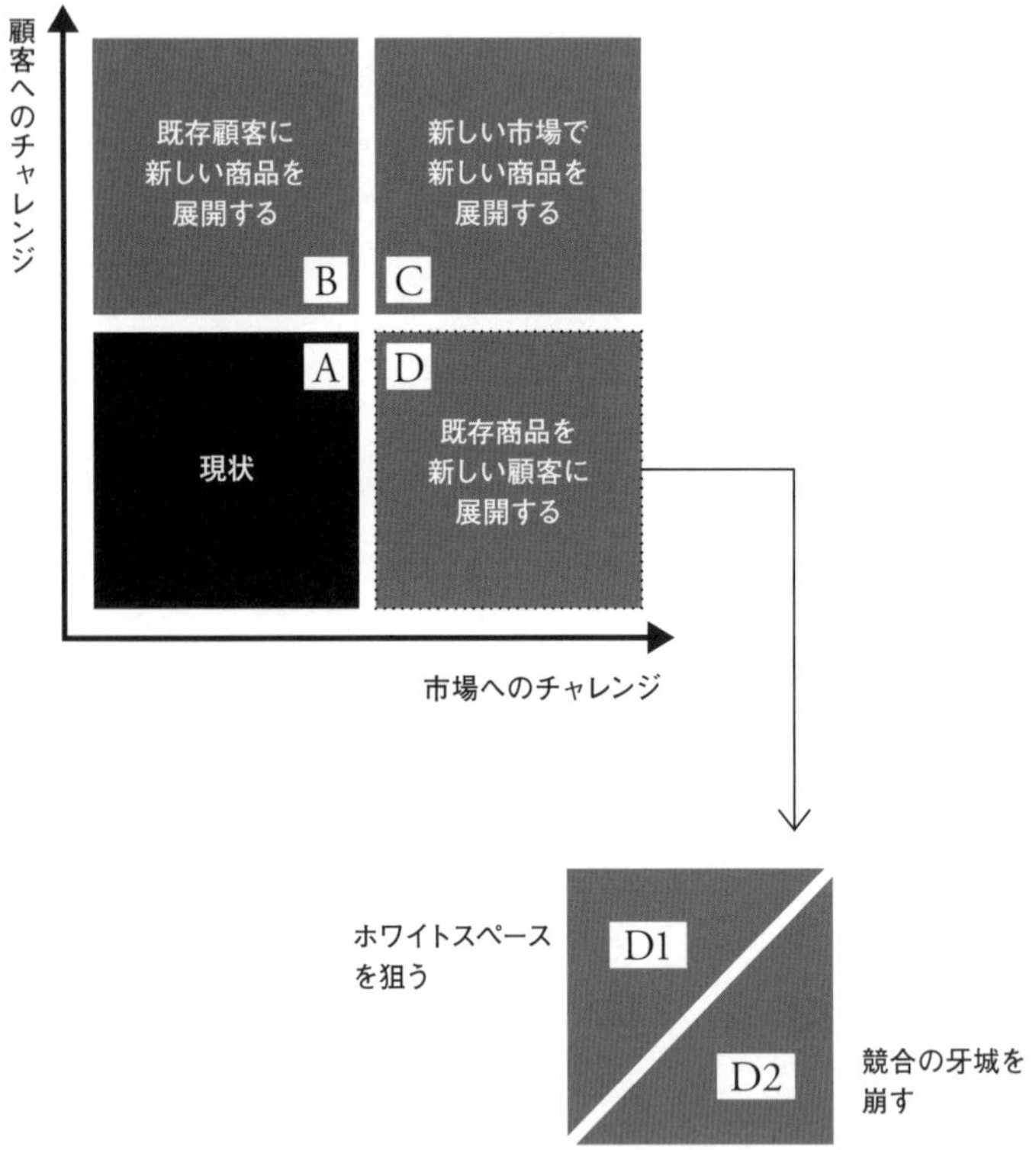

番となる。

筆者はひととおり、この図を説明したあとで、このような問いかけをする。

「あなたの会社の中期計画では、売上成長をXX％としていますが、（成長戦略マップの）象限B、C、Dの総和だとして、それぞれは何対何対何になりますか？」

マップを指差さずして、文字だけで書くとわかりにくい。筆者が象限B、象限C、象限Dを指で差しているところを想像していただきたい。マップは至極当たり前のことが書いてあるのだが、結構、これが答えられない場合が多い。もちろん、これに答えられなければ計画になってないというつもりもないし、これに答える必要のない計画もあると思う。ただ、この問いかけは、いつもかなり盛り上がる。この単純なマトリクスでの議論によって、「そうか、実はこういう考え方もあったな」とか「このあたり、今の計画では矛盾しているかもしれない」といわれる場合がある。

ジャイキリをやるとすれば、右上の象限になるだろう。これを使いながら、ジャイキリがこの会社に必須なのかそうでないのか。必須でないとしても、それを社内で考えてみたいか、を確認している。

読者の皆さまが所属されている組織の成長戦略は、各象限がいかなる配分になるか。ほんの束の間、ご想像いただければ幸いである。

環境変化は脅威か、機会か

戦略の目線の高さという観点で、ぜひ考えてみたい問いかけである。

「あなたの会社は、経営環境の変化をむしろ歓迎しますか?」

この問いかけについては、実は最初はあまり反応がない。そこで、筆者は、ＩＢＭのある事例を説明してみる。効果はてきめんで、急に話が盛り上がる。

一般的な企業では「年次で経営計画を策定し、月次でそれを管理する」(Yearly Planning and Monthly Management) と思う。しかし、ＩＢＭは、かなり以前から「四半期で経営計画を策定し、週次でそれを管理する」（Quarterly Planning and Weekly Management）という形態にしてきていた。だから普通なら1年に一度の人事異動なども、3カ月ごとにかなり大胆なものが起きる。ただ、それを別に、戦略的にすごいことだとは思っていなかった。むしろ、それにより「やたら忙しい状況」が慢性的になっていたのが気になった。

だが、あるとき、その本質に気づいた。普通の会社は、月次で課題を抽出する。一方、IBMは週次だ。ある営業担当が月に100を売り上げなければならない場合、最初の週の売上げがもし10なら、2週目は40だ。普通では絶対に達成できない。売れない人に頑張らせても絶対に成果は出ない。だったら、今、売れている人にもっと頑張ってもらったほうがいい。こんなオペレーションができるということである。

言い換えれば、1カ月を単位とし、両者を相対的に比較してみた場合、前者は「今を見て過去を知る（1カ月が終わりそれを振り返り、翌月の課題とする）」というものである。一方、後者は「今を知って未来を知る（ひと月の終わりを待たずして課題を知り、当月中に手を打つ）」というものになる。

後者だと、「経営環境の変化が激しくなればなるほど、相対的な優位性を発揮してくる」モデル（戦略）である。地味だが、確実で強力だ。

個人的には、こうしたものは、マネジメントプロセスが属人化し、歴史的なシガラミの多い大企業への導入は難しい（何度か痛い目にあった）と思う。だが、中堅企業、特にオーナー企業であれば、コストも工数もかけずに即座に導入可能であり、マネジメントの高度化を一瞬で武器にすることができるような気がしてならない。

この話を書いていて思い出したが、またしても筆者が駆け出しの頃の話で、苦い経験がある。ある企業でＳＷＯＴ分析を実施した。ＳＷＯＴについては今さら説明する必要もないだろうが、念のために確認しておくと、ＳＷＯＴとは、Strength（強み）、Weakness（弱み）、Opportunities（機会）、Threats（脅威）の頭文字を並べた言葉で、図表５‐２のような形になる。

そのとき、社員の皆さまとの議論の中で、自社の脅威として「消費者ニーズの急速なる変化」「価格競争の激化」というものが出てきた。そしてこれらを４象限に埋め込みＳＷＯＴを完成させ、その企業の経営者に提出した。その経営者は、ＳＷＯＴを見た瞬間、落胆したというか、ちょっと苛立った顔をされた。

そして「なぜ、価格競争が激化していくと、当社にとってそれが脅威になると思うのか

図表5-2 SWOT

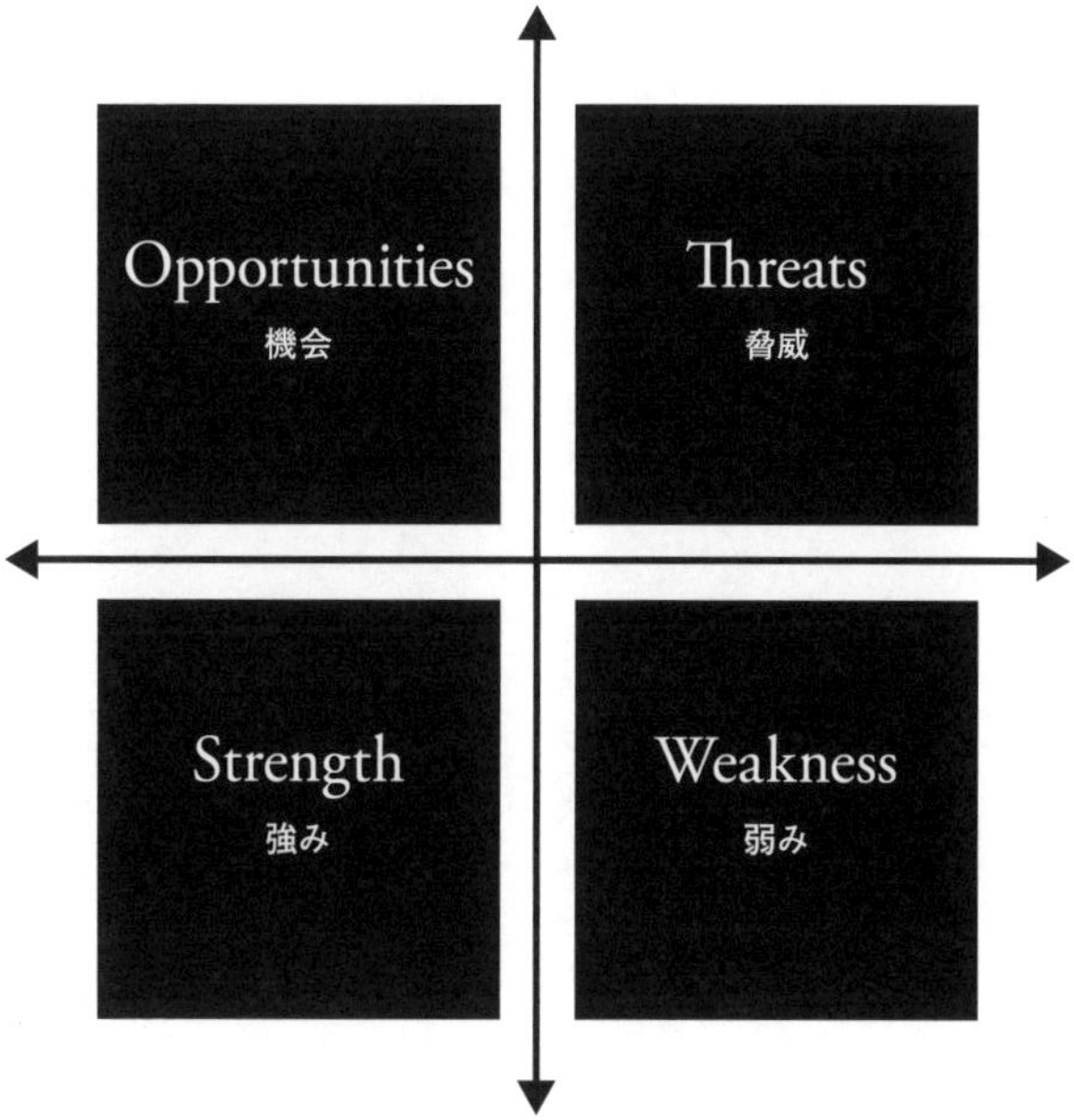

ね」と尋ねられた。一同、一瞬意味がわからなかった。心の中では「だって価格競争ですよ。今まで5000円で売れていた商品が3000円になり、さらには2000円にしなければ売れない、となったら大問題じゃないですか」と思った。

そうしていると、次には「あと、消費者ニーズが急激に変化するというのも、なぜこれも脅威なのかね」と来た。これについても心の中で「次々と流行り廃りが来て、商品開発コストが膨らむから当たり前ではないか」と思った。

まあ、「こいつらに聞いても仕方ない」とでも思われたのか、その経営者から解答をいただいた。要約すると、その企業は商品企画のアジリティ強化と海外生産（オフショア）化に焦点をあてた戦略を立案し、実現させてきた。したがって、競合よりも、変化に強く、生産コストが低い。もちろんその企業も、消費者ニーズが変化するほど絶対的なコスト高になるし、価格競争になれば商品1つ当たりの利益額は減る。だが、競合と比較すれば、このネガティブインパクトは圧倒的に小さい。つまり競合との相対論でいえば、圧倒的に強いことになる。これにより、他社からシェアを奪い、そのことにより、さらに生産効率を高めていく。だからこの脅威とされている2点は大歓迎だ。こんな感じのものだった。つまり、もしSWOTとしてまとめるのであれば、このふたつは脅威でなく機会のところにマッピングすべきだというものだった。

今思えば、本当に恥ずかしい話である。このSWOTの失敗については、いろいろなところで話をしている。経営環境の変化を「脅威」と決めつけていては、日頃の競合との戦いの延長から逃れられない。通常なら脅威になりそうなことを、あえて機会ととらえてみたらどうなるか。もし成功すれば、圧倒的な優位を得て勝つことができるかもしれない。

経営環境変化の激化は、一見、誰にでも「大変なこと（問題）」にうつる。誰にでも大変なことだから、そこに逆転の発想を加えれば、限りない機会が生まれる。逆にいえば、こうした発想や着眼点なしに、大きな敵を打ち破ることはできまい。

「ミッシングパーツ」の存在を、あらかじめ表に出してみよう

「ミッシングパーツ」は、直訳すれば「欠損部品」である。たとえば、読者の皆さまが、模型飛行機をつくっているとしよう。もうすぐ完成だなあと楽しみにしていたら「あれ、こっちのプロペラが足りない！」、となる、あれである。

「あるとき斬新なビジネスモデルがひらめいたが、すぐさま、これはウチでは絶対にできないと思って捨てた」

もしこの言葉が社員によるもので、それを経営者が聞いたとしよう。その経営者は、すごく残念に思うだろう。

経営者が残念に思うのは、社員のアイディアそのものではない。新規事業の成功確率は5％以下、アイディアレベルならもっと低い（もちろん、当たりくじを捨ててしまった確率はゼロではないが）。彼が残念に思うのは、社員のせっかくのアイディアがその場で捨てられてしまう企業文化だと思う。

どの経営者と話をさせていただいても、「いや、私はいつも、『できる・できない』を最初に考えずに、自由に発想してほしいといっているんだよ」といわれる。事実、本当にそうしてほしいと真剣に願っているだろう。

だが、日本の企業では、やれることやれないことについての「見えない常識」みたいなものがある。また人間は元来、自分の優秀さを、物事の問題点を指摘することによりアピールする習性がある。発想と同時に「常識」のスクリーニングが働き、それは非現実ボックスに放り込まれる。実際、相当数のアイディアが捨てられてきていると思う。いくら、制約を考えずに自由に発想してみよ、といわれてもである。それは「飲み会で上役が

『今日は無礼講だ』といったら、本当に無礼講だと信じた人間はまぬけ（常識がないやつ）」とされる感覚に似ている。

ジャイキリを本気で考えれば、あちこちにミッシングパーツが発生する。それが発生するたびにいちいち動揺していてはキリがない。ミッシングパーツの発生は問題でなく前提ととらえるものだと思う。

「戦略実現に向けての最大の『ミッシングパーツ』はなんでしょうか？」

画期的なビジネスモデルを発想すればするほど、それに比例して「当社にはこんな人材がいない」とか「当社にはこんな技術はない」ということが起きる。そして、たいていはその場で、アイディアは断念されてしまう。

ここは、発想を転換する必要があると思う。ミッシングパーツがない新しいアイディアなど絶対に存在しないだろう。

とはいえ、「じゃあ、ミッシングパーツを考えないで発想しましょう」といったところで、余計に気になってしまう。であればだ。むしろ最初に「ミッシングパーツは何か」をあげておき、「それはあるとしましょう」としたほうがいいと思う。つまり、議論の途中でミッシングパーツが出てきてしまっても、「いや、それはあるんだよね」とするだけで全然違うと思う。

カイゼンの世界では、「〇〇がない」というのは、問題を示しているのではなく、「〇〇さえあればできる」ということ、すなわち「対応策」を語っていると解釈される。まさにその考え方である。「ないなら獲得する方法を考える」。それだけである。

最近は、この問いかけをすると、「デジタル人材」と答えられることが増えてきた。その前は、「グローバル人材」とか「起業家マインド（をもった社員）」が多かったような印象がある。

たとえば、デジタル人材がミッシングパーツであると回答された場合、「では、明日からデジタル人材が大量にあなたの会社に参画してくるとしましょう。そうなると、どんな戦略が頭の中におありでしょうか？」と尋ねる。「いやあ、そんなこと考えていいの？」と、とたんに「大いなる企て」が相手の口から出てくることがある。

最近はトランプで「七並べ」などする機会がないが、ミッシングパーツは、あれでいうところのジョーカーである。

よい発想のためには、できない理由を排除するというよりは、その議論を保留（あとで

図表5-3　ミッシングパーツとは何か

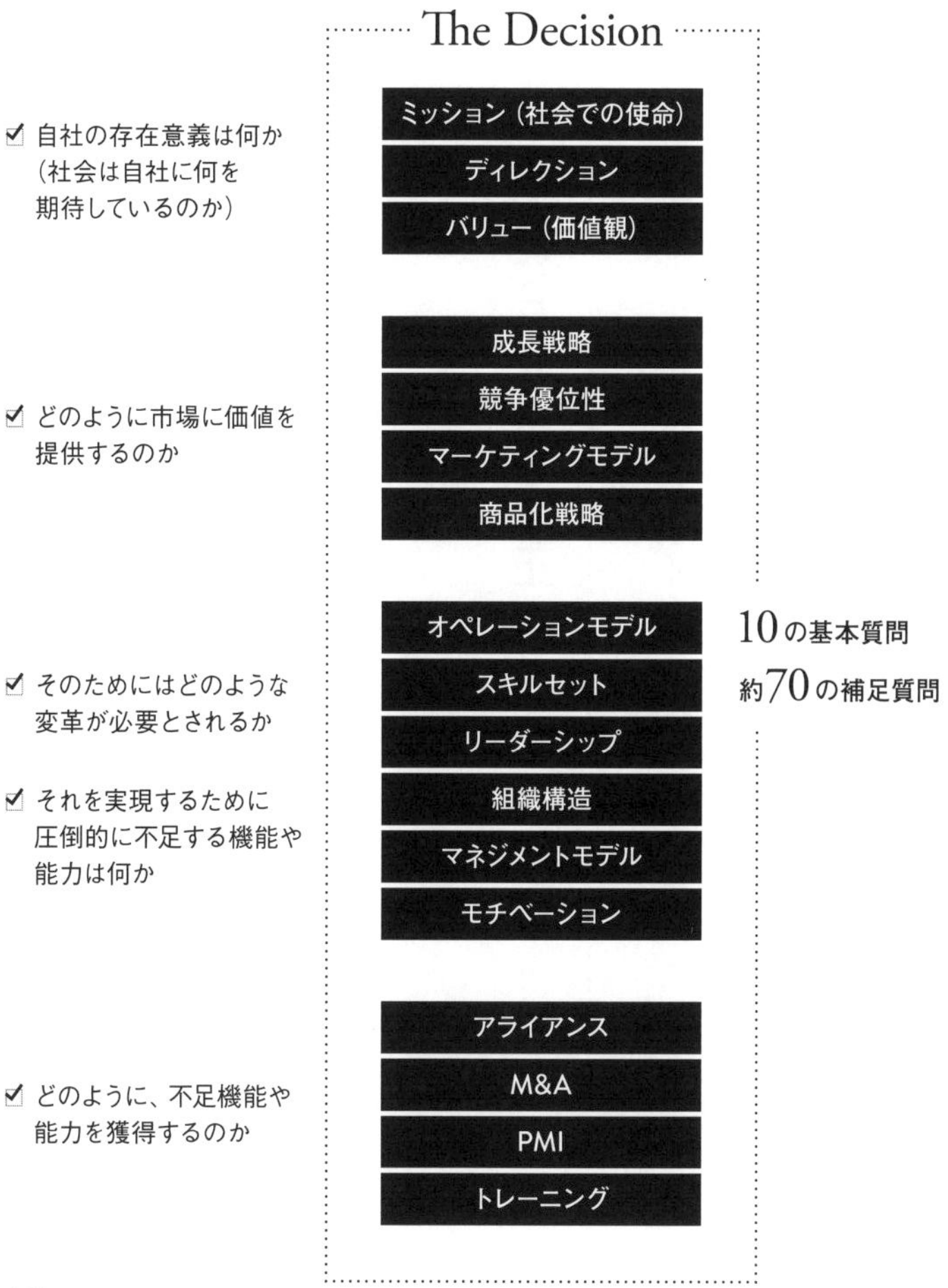

出所：Tryfunds “The Decision”

考えると）にする。つまりは、発想を阻害しないための最大の工夫は、ミッシングパーツが出てきたら、それをすぐに棚上げし、前に進むことである。

そのために、あえて、自社のミッシングパーツについてあらかじめいろいろと議論しておくといいと思う。

もちろん、棚上げされたミッシングパーツはいつか考えることになる。先延ばしにしているだけだ。だが、発想は発想、実現は実現、と両者を分けなければ大きな企てなど発想し得ないのではないだろうか（図表5-3）。

ジャイキリをもたらすものの正体

これまで、戦略の目線を上げるための問いかけをいくつかご紹介してきた。いよいよジャイキリそのものの話に入っていきたい。読者の皆さまは、ジャイキリの実現のためにもっとも重要な要素はなんだと思われるだろうか。

ここでまた、筆者が若手の頃の話をご紹介させていただきたい。当時、マイケル・ポーターの『競争の戦略』が最先端経営書として一世を風靡していた。

そこにはかの有名な「Five Forces Model」というものがでてくる。日本語にすると「5つの競争」となり、企業が直面している競争は5つあると説いている。

ひとつは同業者の競争、これはあたりまえである。ただそこだけではないよ、というのがポーターの論理の新しさだった。彼はそれに加えて「取引先との交渉」「販売チャネルとの交渉」を競争ととらえた。さらには「新規参入者の脅威」「代替品の脅威」が加わり、合計5つの競争となる。

あるとき筆者は、上司から「ポーターのFive Forces Modelを知っているか」と尋ねられた。勢いよく「はい（なんでも聞いてください）」と答えると、彼は「あのモデルのメッセージはなんだと思うか？」と言う。

すかさず筆者は、「競合との競争だけが競争でなくて、そのほかに4つの競争があるということです」と答えた。すると、上司が瞬時に私に興味をなくしたのが感じられた。

あとでわかったことだが、彼によると、あのポーターのモデルの一番重要なところは、「今までの競争とはまったく違う競争を仕掛けてくる奴らこそが、最高に危険な連中」ということだった。つまり、今までの競争なら怖くない。顧客や調達先が知恵をつけてきての交渉も、怖いことは怖いが、まあ大丈夫。問題は「まったく違うスキルセットで挑んでくる『新規参入者』もしくは『代替品』だ。なぜ彼らが怖いか。それは、「まったく違うスキルセット」が「今までになかった発想」で挑んでくるからだ。

「発想や感性が武器になる」。それ以来、新しいことをやるには、新しいタイプの人材が必要だということを肝に銘じた。

さて、ジャイキリを実現するためにはどうすればいいだろうか。当然、答えはない。筆者なら、どう考えるか。

まずは「新しい感性をもつ人材の確保」をおこなうだろう。そして、彼らの「能力が最大発揮されるための場」を構築する。もしここまでがうまくいっているなら、彼らの発想からは、予想外のものが出てくるはずである。当然、今もっているものでは実現できない。新しいビジネスモデルを実現するための「ミッシングパーツの獲得」をおこなうということになるだろう。

最初の「新しい感性をもつ人材の確保」については、まさに、第3章と第4章でお話ししてきた、ビジョンの隠れざる戦略性と、そのビジョンを構成するバリュー、すなわち

「人材誘致の磁石」の話になってくる。

新しい社会における、新しい自社の存在価値をミッション（自社が社会に求められる使命）として再定義する。そして、その実現に向けて「何をやり」「何をやらないか」を考える。いわゆる「選択と集中」である。

ただ、新しい方向性を定めるだけでは、船は動かない。新しい船には新しい船員が必要になる。今までと同じように募集しても、欲しい人材は集まってこないだろう。新しい人材が新天地で何を得られるのか、そこを明確にしなければならない。裏返せば、どんな人材がその組織にくれれば幸せになれるのか、それを定めたものが「バリュー」だった。

もちろん、最初からリクルーティングの話に限定する必要はないと思う。自社の中に、本当は新しい感性をもった人材がいるのに、戦略の目線を高くもって発想する場が与えられなかったり、途中で潰されている可能性もあるからだ。外から連れてくるにしても、中で見つけるにしても、「人材の能力を最大発揮できる場」をつくることができるか、それがポイントになる。

これについては、あえて章をわけて、次章で議論させていただくことにして、ここでは一つだけ、紹介しておきたい。

スリーホライゾンモデル

これは、グローバル企業が新規事業をおこなうときに用いるモデルである。ある事業を開発したとしよう。その事業が成功する保証はない。だが、仮に成功すれば先行者として大きな利益を得る。

まずは、事業の卵が孵化する。そして、その事業が、成長事業に、さらには中核事業へと育っていく。これをどのように管理していくか。そのひとつの考え方がこのモデルである（図表5-4）。

ご存じのとおり事業にはライフサイクルがある。どのような事業にも終焉がある。そのライフサイクルを、「事業が開発されている段階」「事業が開始され成長事業となる段階」「それがさらに進展して中核事業となる段階」と、3つのホライゾンとしている。ホライゾンごとに「不確実性の取り扱い方」が異なるとし、それぞれのマネジメントスタイルを変えることとしている。

たとえば、ホライゾン3での新規事業の開発が所期の成功を収め、これを次にホライゾ

図表5-4　スリーホライゾンモデル

ン2として成長事業として扱っていくとする。ここでやることは「不確実性の管理」である。新商品の価値を顧客が気づいてくれないとか、競合がすぐに真似して同じようなものを出してくるということが想定される。

ここでやるべきことは、徹底的に販売数を増やし、まずは一定のシェアを確保して、市場への影響力を確立することである。有力顧客だと見れば、利益を度外視した価格提示をおこなったり、大量に購入してくれる顧客には思い切ったディスカウントをおこなったりする。したがってこのときのビジネス管理は、「シェア管理」「売上管理」である。こんなときに「利益を確実に確保せよ」だと、せっかくの新規事業の成長機会を失ってしまうだろう。

めでたく成長事業になった。もう営業で特別なことをしなくても普通に売れる。そしてその事業は中核事業となってくる。ホライゾン1である。ここでやるべきことは「不確実性の排除」だ。利益がとれる顧客を選ぶとか、意味のないディスカウントを止めるといった行動になる。ビジネス管理は「利益管理」になる。

では、ゼロから事業を開発する場合はどうなるのか。つまりホライゾン3である。ここは「やってみなければ、どうなるかわからない」という領域である。逆にいえば競争相手がいない。それがゆえに成功したときの先行者利益が大きい。だから「不確実性を武器とする」ようにしなければならない。当たり前だが、ここで売上げや利益の話をすれば、誰もが怖がってそのようなものに手を出さない。ここでのビジネス管理は「マイルストーン管理」である。事業化までの道筋を描き、組織としての承認ポイントを設ける。市場調査、商品のコンセプトスケッチ、販売方法の検討、実験、事業化、といった感じで作業が流れていき、各段階の承認ポイントで、継続するか取りやめにするかを決めていく。見込みのないところで頑張っていても仕方がない。よく「石の上にも3年」といわれるが、それが可能なのは余裕のある大企業だけだと思う。

ところで、前述したとおり、新規事業開発の成功確率は、5％程度だといわれている。打率としては、きわめて低い。でも、新規事業開発タスクを20本同時並行で稼働させれば期待値100％になる。もしひとつでも成功すれば、その先行者利益は残り19本の失敗プロジェクトのコストを簡単に吸収する。そんな思想がホライゾン3にはある。

さらに、このホライゾン3には、もうひとつの旨味がある。それは若手人材の育成の場としての活用である。成長事業や中核事業で若手を育成しようと思えばリスクがある。でもホライゾン3なら、まだそこに事業がないわけだからリスクがない。「若い発想を取り入れたい」といわれる企業は多い。若い発想で事業を描いてみるとなれば、モチベーション向上にもなる。

ＩＢＭでは、毎年、各組織部門のトップ人材を世界中から招聘し、このホライゾン３の短期プロジェクトを開催していた。トップ人材たちがときに反目したりしながら、構想から事業の設計、その実験などのマイルストーンを超えていく。プロジェクト終了後も「第二の同期」として、そのコミュニティは継続され、事業横断的な問題解決などに一役買ったりする。ちなみに、この試みで、5年間で25分野を選定。そのうちの22分野が成功し１５０億ドル以上のビジネスになったという。

ただ、このモデルはこうした文章で説明すると難解である。学会で説明するような場合にはこれでいいだろうが、忙しい経営者の方々にこのまま説明しても「うん、すごくよさげなんだが、自社への導入のイメージが湧かない」となる。この「すごくよさげ」という意味は、感覚的に自分の頭にあったことだからだと思う。

筆者は、経営者とこの話をするときは、その会社の事業を３つのホライゾンにマッピングして持っていくことにしている。それを提示すると、相手は興味津々で「なぜ、この事業がホライゾン1だと思ったか？　私はまだ2にいると思う」とか、急に議論が盛り上がったりする。個人的には、すごく楽しい時間である。

あるアパレル企業でこれを議論したときには、スリーホライゾンモデルなどという言葉もそのモデルのコンセプトも一切、説明しなかった。

「御社ではブランドがこのように20近くあります。この中で、中核事業はどれになりますか」と聞くと、相手はスラスラと中核事業を指さす。次に**「では、まだ実験中という事業はどれですか？」**というとこれも同様に容易に区別される。残りは成長事業だということになる。

次に、**「3つのグループそれぞれで、どういう管理指標を渡していますか？」**と尋ねる。やっぱりといってはなんだが、「売上げと利益の両方」だといわれる。もしそうだとすれば、成長事業はうまく成長させられないか、成長させるために使う工数はおびただしいだろう。新規事業の開発など絶対に無理である。

そこで、「すべてを売上げと利益で考えるのではなく、このブランドは利益管理、このブランドは売上管理と、グループによって分けると、なんだかスッキリしてきますよね。そして、現在開発中のブランドは、今のところは財務目標を置かずに開発作業を整理し、その進捗をマイルストーン管理していきましょう」と説明すると、すごく喜ばれる。彼らの頭の中では、この発想は体系化されていなかったが、感覚的には同じような考え方があったのだろうと思う。

あとは、それぞれのホライゾンに移っていく際の基準を設定すればいい。ブランドが20程度ならA４の紙一枚で管理できる。

結局そのアパレル企業は、ブランドを３つに分類し、このマネジメントモデルで事業の開発と成長を管理するようになった。

会社にこんな考え方があって、それをもとに事業のライフサイクル管理をすると、今まで何を計画し、管理していたんだろうと感じると思う。

さて、ジャイキリの話に戻ろう。

「新しい感性をもった人材の確保」がうまくいき、彼らの「能力が最大発揮される場」も提供された。残りは「ミッシングパーツの獲得」である。

新しいアイディアを出せば、その実行にミッシングパーツがないことなど、ありえない。

前述のとおり、まずは「それがあるとして（あとでゆっくり調達は考えるとして）」ビジネスモデルなりを発想し、ぜひとも実現したい構想となれば、あとは獲得手段を考えればよい。

　革新的なビジネスモデルを発想し、その構想が描けるなら、ミッシングパーツの入手は、楽しい苦労だというのは暴言だろうか。さらにいえば、ビジネスプロセスアウトソーシングやM&Aの常識化、コミュニケーションテクノロジーの発達などにより、その昔に比べればミッシングパーツの獲得は、はるかにしやすくなっていると思う。

　それでもやはり、昔からずっと、いや昔よりも格段に悩ましいのが「人材」である。どの経営者に聞いても、人材を課題にしていない人はいない。むしろ、どなたに聞いても、課題のトップとしてあげられる。

　必要な人材については、獲得もさることながら、その人材を逃さず、能力を最大発揮させるための仕組みが必須であり、これこそが、今、ジャイキリの最大のミッシングパーツだと思う。

　これについては次章でくわしく見ていきたい。

「新聞の見出し」で非日常を表現してみる

次章に移る前に、ちょっと変化球を投げさせていただきたい。これは我々が「新聞作戦」と呼んでいるものだ。

目線を変えた発想。これを自然におこなう方法として、例外なく破壊的な効果を創出したウォールームの事例である。

その昔、ある有名企業がグローバル化のあり方を議論していて、ブレーンストーミングの場に呼ばれたことがある。

やはり、「どういうグローバル企業になりたいか?」ではなく、「グローバル企業を目指すにあたり、何が課題か?」という議論になってしまっていた。

次々に課題はあがるが、前章でも述べたとおり、「この課題を全部解決したときに、この会社はどういう会社になっているか」がわからない。それが決まっていないうちから課題をあげるので、いくらブレーンストーミングが発散と収束だといったところで収束のしようがない。

そんなときにこのような問いかけをする。

「あなたの会社のグローバル化が成功し、それが新聞で賞賛されたとしましょう。その『見出し』はなんですか？」

もちろん、これからグローバル企業を目指すわけだから、そんな新聞記事が出るわけもない。

急に、こういわれても、なかなか発言しにくい。そこで、その場にいた方々に自分の想像を紙に書いていただいた。

「XXX社、外国人役員を登用」
「XXX社、南アメリカ市場に参入」
「XXX社、グローバル人事モデルを完成」
「XXX社、女性管理職が40％に」

等々、そこにいた人の数だけ「新聞のタイトル」が集まった。ただ、それぞれを比較しても、大きいものから小さいものまで次元がバラバラである。

そんな状態のまま「現状とのギャップ」を課題として洗い出そうとしているわけだから、

まとまりようがない。現状とのギャップを課題だとするなら、ギャップは現状とあるべき姿から抽出される。そのあるべき姿が統一化されていないままの議論になっているということである。

また、この「あるべき姿」という言葉も微妙である。「あるべき姿を考えよう」といってもなかなか考えられない。それが「多くの人の知恵を合わせて」なんて言葉をつければなおさらだ。だから、通常は個人個人が考えてきたものを、ひとつにまとめるという2段階作業になる。これが「ある法規制が緩和された場合の自社の事業機会」みたいなものだったら次々と意見が出るだろう。が、「自社のグローバル化のあるべき姿は何か?」となると、漠然としすぎて考えつかない。いや、考えつく考えつかないより前に、「こんなことをいったら笑われるかも」という心情がどうしても起こってしまい、結局は「ありがちな話（どこかで聞いたような話）」が出てくることになる。

だが、皆が記事のタイトルを出し合ったあと、雰囲気がガラッと変わった。

「たとえば、こんなのはどうだろうか?」というアイディアに対して、「たしかにそういう話なら、社員も嬉しいだろうな」とか、「どうせ目指すなら、こういう風な記事になるくらいのことをやるべきでしょ」といった感じである。

私はそれ以来、この「新聞作戦」をやることにしている。

ミーティングで課題や手段ばかり議論されているが、肝心の「あるべき姿」「ありたき姿」の認識が統一化されていないという状態で提案する。

新聞記事なので、「自社がどうなりたいか？」ではなく、「他人（記者）からどう見られたいか？」となるので、「こんなことをいったらバカにされるのでは」という不安が小さくなるようである。また、「時間切れで次回また日をあらためて」となった場合には、次回までに「新聞記事」をつくっておこうという宿題の出し方もできる。

ちなみに、私の場合、周りに凝り性のスタッフがいて、フォントから構成まで本当の新聞記事ではないかと思うような精度でそれをつくってくれる。それを参加者に配布して「前回の議論（課題の抽出）が、新聞にすっぱ抜かれたとしたら、きっとこんな風に書かれているのでしょうか」と尋ねる。その新聞記事の内容に賛成かどうかは別として、ある「基準」が与えられたので、一気に議論の生産性が高まる。

前述の企業であるが、結局、この新聞作戦に6人のエグゼクティブが参加され、4回のセッション（週1回で4週）が実施された。その中でいくつかの「見出し」ができた。そのうちのいくつかは、その企業の「グローバル企業化の成功」を説明する実際の新聞記事の見出しとなった。

この例では「グローバル企業」だったが、これを「自社がジャイキリを実現した場合」でやってみると、どうなるだろうか。ぜひ、お試しいただきたい。

第6章

経営戦略としての人材を語ろう

前章のジャイキリのところで、新しい感性をもった人材の誘致と、その能力の最大発揮の場の提供の必要性を語った。さらにいえば、その新しい人材の能力の最大発揮の場こそが企業のミッシングパーツだとも議論した。

ちょっと前に、ある企業のＰＭＩで相談を受けた。買収した側は日本の伝統的企業、そして買収されたのはシリコンバレーの小さな企業。筆者が、一般的なＰＭＩの方法について語り始めると、先方の代表が「いや、それは普通の考え方だ。今回、我々はいわば一般庶民の家庭が、外国の数学チャンピオンの小学生を養子に迎えるようなものなんだ。だから、彼を自由にさせたい。でも、いくら自由にさせようと思っても、家族の誰かしらが余計なちょっかいを入れてしまう。そうなるとせっかくの数学チャンピオンが普通の子供になってしまう。それではまずい。彼を自由にすれば、同じようなチャンピオンが集まってくるはず。そのコミュニティに期待したいんだ」と語られた。筆者は「なるほど」と感心してしまった。

その一方で、そこまでわかっているなら、なぜ自分が呼ばれたのか不思議に思った。数学チャンピオンとまではいかなくても、少なくとも新しい感性をもつ人材を誘致できた場合、彼らが自由に能力を発揮できるようにしなければならない。そこを真剣に考え始めたときに、最初に直面するのが人事モデルである。このあたりから紐解いていきたい。

重要であるが、緊急ではない「人材戦略」

ビジョンを明確にし、それに賛同した人材がその企業の扉を叩く。どのようにすれば、彼らのモチベーションを高め、その能力が最高に発揮されるのだろうか。

このあたりは、企業文化と密接に絡み合っていて、そう簡単には変えられない。でも、会社存亡の危機になってから整備するというわけにはいかない。

「重要性はきわめて高いが、緊急というわけではない」「ただ本当にやろうとすると膨大な議論が必要になる」。筆者はこの種の問題を「置き去り問題」（図表6-1）と称しているが、人材の話はその典型であると思う。

置き去り問題の解決の特効薬は、とりあえず着手してしまう、ということに尽きると思う。そのためには、少人数短期集中議論でアウトラインを出してしまうことが第一歩だろう。ここではそういった作業の着眼点について議論していきたい。

図表6-1　置き去り問題

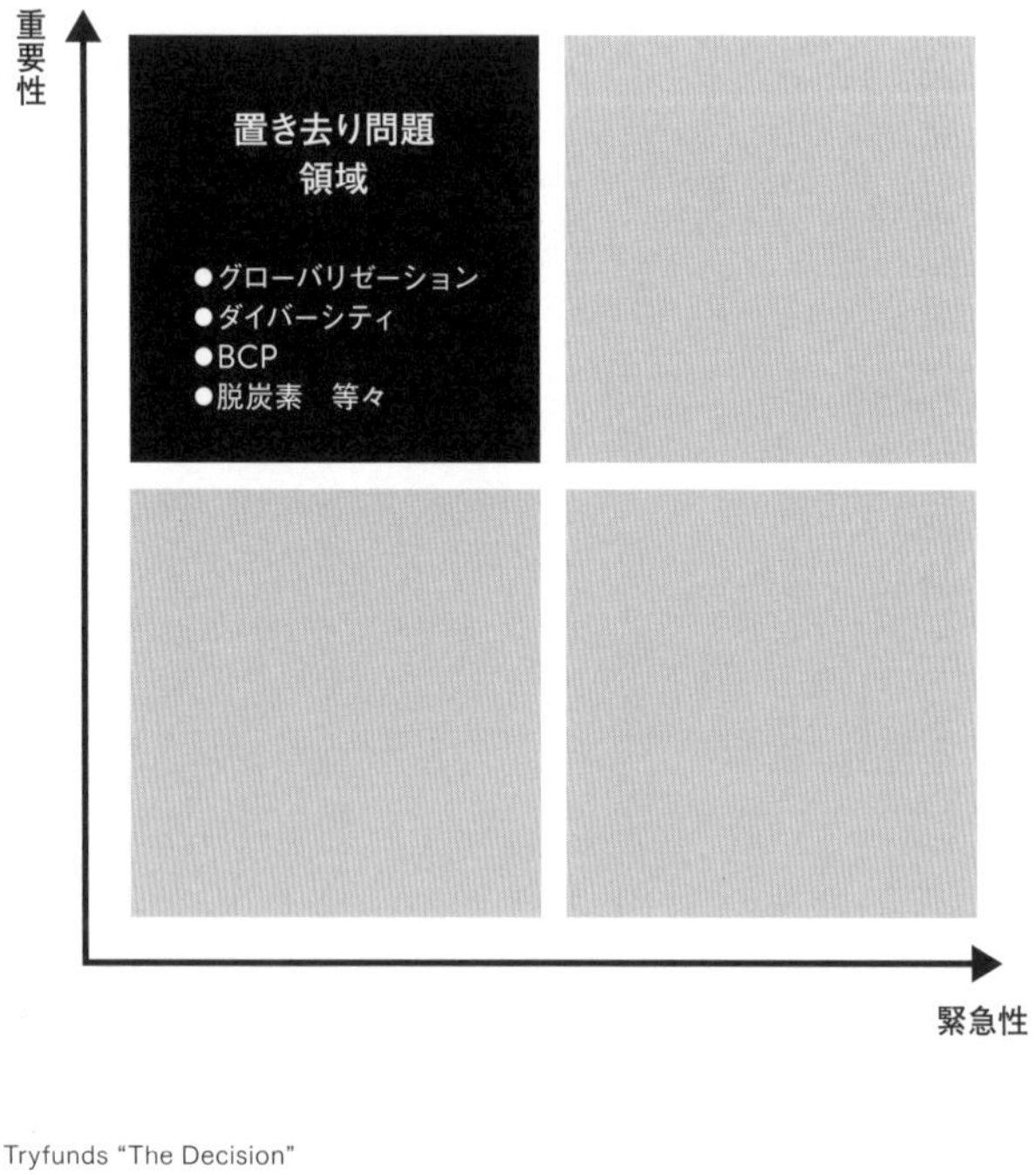

出所：Tryfunds "The Decision"

社員は人員なのか、タレントなのか

本書での人材に関する論調は、大企業は中堅企業に比べて優秀な人材が潤沢にいる、というような書き方になっていると思う。おおむねその意見には反対がないと思う。

ただ、学生時代を思い出してみると、誰もが大企業に行きたいというわけではなかった。「大企業に行って組織の歯車となりたくない」とか「中堅企業に行けば組織が小さい分、自分に権限が早くからもらえていろいろなことができる」。そんなことをいいながら、大企業からの誘いを蹴って、中堅企業に行った連中も多かった。でも数年経つと、結局、大企業に移った、という話も聞くようになった。「ある程度年数がいかないと、その企業では活躍できない」という理由が多かった。

また、大企業でも中堅企業でも「人材が定着化しない」とよく聞く。とりわけ「入社してきた直後から実績をあげ、本人もモチベーションが高かったのに、結構早くに辞めてしまった」と嘆かれている。

これはなぜなのだろうか。筆者はこんな場合、その企業の人事制度やマネジメントの考え方が「ナレッジワーカー」を対象としたものになっているかを調べてみる。

スキルワーカーとナレッジワーカー

この問いかけは、あくまでも感覚的なものとして、その企業ではナレッジワーカーが能力を発揮できそうか、もっといえば人事の仕組みがそうなっているかを確認したい場合に使う。

「あなたの会社で上司が部下に仕事を指示する場合、『こういうやり方でやれ』と『やり方は任せる』のどちらになりますか？」

我が国の製造業がカイゼンを武器に世界を席巻していた頃、オーストリアの経営学者ドラッカーは日本のネクストステップとして「ナレッジワーカー」の出現を予言していた。

ナレッジワーカーとは、「期待される成果がはじめに提示され、その達成方法は一任される」という働き方をする人たちである。一方で、これと相反するのはスキルワーカーである。**スキルワーカーは「手順が与えられ、それを忠実にやれば成果の実現が保証される」という人たち**である（図表6-2）。

図表6-2　スキルワーカーとナレッジワーカー

ナレッジワーカー		スキルワーカー
期待成果が与えられ、やり方は本人に任せられる	仕事の種類	手順が与えられ、それを実行すると成果の実現が保証される
リーダー（先導者）	上司の役割	マネジャー（管理者）
リーダーシップ（納得と感動）	人の動かし方	権限（指示と命令）
市場価値（自由）	求めるもの 与えられるもの	社内価値（パワー）

世の中が比較的安定している場合には、標準化がありスキルワーカーが求められる。一方、先が見通せない場合にはナレッジワーカーが求められる。

おそらく、日本企業における業務は、相手が「スキルワーカー」であることを前提としていると思う。

「上司の指示が不適切だった（から失敗が起きた）」と嘆いている人をよく見かける。これは典型的なスキルワーカーのセリフである。ここでいうところの「指示」は、いってみれば「手順」のことだ。「上司が、その仕事を実行するための手順をきちんと教えてくれなかったから、自分は期待される業務ができなかった」といっている。

もしその上司が、期待成果を告げていたとすれば、その人をナレッジワーカーとして扱ってくれたことになる。にもかかわらず、自分はスキルワーカーとして対応しつつ、上司にいわれのない文句をいっているというわけだ。

経営環境の変化が刻一刻と早くなってきている現在、日本の企業に欲しいのはナレッジワーカーである。でも結局のところ、「ナレッジワーカー」を求めていながら、「スキルワーカー」のようなマネジメントスタイルをとっている会社が少なくない。

こういう会社は、自社が求めている人材が来たとしても、その能力を発揮させられず、結局はその人材を、すぐにまた他社に奪われてしまう危険性が高いと思う。

「権限委譲」という言葉が聞かれるようになって久しい。だがいまだにそれができている会社は少ないと聞く。それでは、ナレッジワーカーが活躍できない。「これはこうしてああして」という細かな注文が出されていたり、さらに定期的な会議の場で「あれはどうなっているのか。こうやったほうがいい」と日夜管理されていたりするような状態だったりすれば、ナレッジワーカーにとってはストレス以外のなんでもない。彼らからすれば、「いいから任せてみてくれよ。そして失敗したら文句いえよ」という感じだろう。

会社のスキルセットの変更は、よほど経営に余裕がある企業は別だが、当然のことながら**「(その会社での自己実現を終え)次のキャリアアップを求めて幸せに新天地に移っていく人」と、「新たに、その会社での自己実現を求めてワクワク感をもって移ってくる人」の双方が同時に存在することで成立する。**

まあ考え方はわかったとして、そのために会社としてはどのようなことをする必要があるのだろうか。まずは図表6-3を見てほしい。呼び方はなんでもいいが、便宜上、左右をそれぞれHRMとHCMということにした。

左側のHRMはヒューマンリソースマネジメント、いわゆる終身雇用モデル。一方、右側のHCMはヒューマンキャピタルマネジメント。こちらは従来なら欧米流とでもいったかもしれないが、昨今ではグローバル標準型のモデルといっても過言ではないだろう。

図表6-3 HRM vs HCM

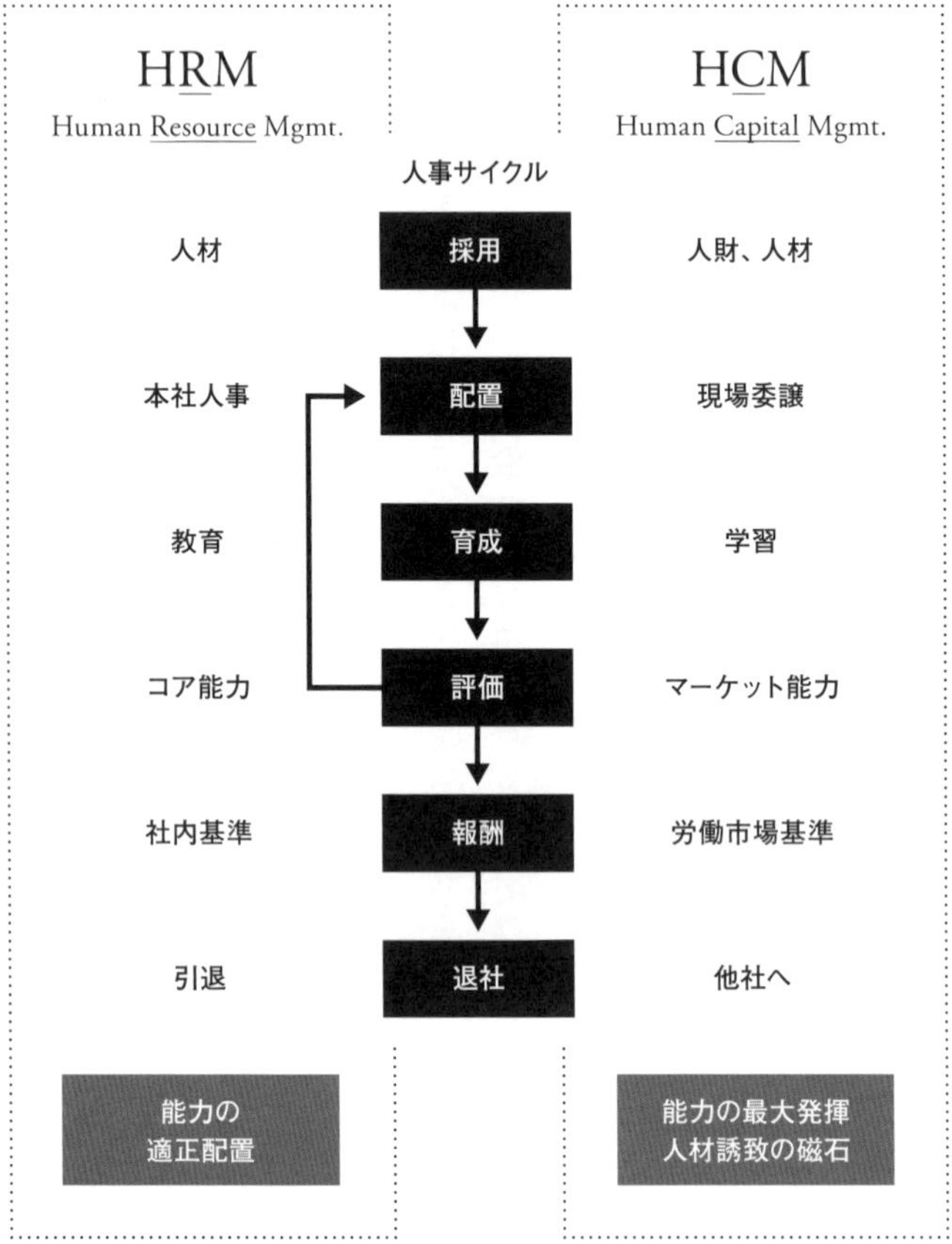

社内最適化を図る人材マネジメント「ＨＲＭ」

先にＨＲＭから議論していきたい。

まずは採用である。人材は新卒学生を採用するのが基本となる。彼らが入社すると、人事部門がそれぞれの素養やキャリアモデルを考える。

この場合のキャリアモデルは、あくまでも「その会社でどのように昇進していくのか」というものである。当然のことながら会社を辞めて、別の会社でキャリアアップするという選択肢はここにはない。

人材育成の主体は研修である。会社のビジョンからプロセスまで「その会社の標準」となるものを学ぶ。さらに研修の副次的目的は、他部門の人材との交流だったりする。

配属先を決めるのはもちろん人事部門。評価はコアスキルが中心となり、昇進はその人材への期待値（その人材なら、こういう仕事を任せても、きっとできるだろう）で考えられることが多いと思う。

そして、報酬は「入社何年目はこれくらいもらえる」という社内での相対的基準とレンジが存在する。そこの中で差はつけられれど、それは大きなものではないかもしれない。

そして、その会社を去るとき、それは当然のことながら定年、すなわち仕事そのものからの引退となる。

市場価値向上を目指す人材戦略「HCM」

一方、HCMと呼んでいる右側は、これとは根本的な思想が違う。人材戦略を人事部門ではなく、経営者の戦略として考えるものである。

HCMでは、採用の対象は新卒を前提としていない。他の企業で市場価値をつけてきた人材をも含む。いや、極論すれば後者の人材をターゲットにしている。それで十分でないなら新卒も採用する。

入社を希望する人材は、自分自身でキャリアプランをもっているので、「本社人事が素養を見極めて配属を」などといわれれば一瞬で去っていく。

自分の希望する領域でのプロフェッションを選ぶわけだから、その領域の配置を約束しなければならない。彼らは自分のキャリアプランに確固たる計画（野心）をもっている。

だから、会社から与えられる「教育」を待つことなく、自ら進んで「学習」していく。誰にいわれることなく、日々知識を蓄え、会社にアサインメントの希望を提示し、与えられた機会としての職場で自己研鑽、自己実現を図る。

彼らの評価は、同期入社の社員との相対評価ではなく、市場価値でおこなわれる。と同時に、報酬はそのマーケットの能力をもつ人たちの基準、すなわち労働市場基準で支払われる。昨今「社長より高い給与をもらう社員」がいるのは不思議なことではなくなってきたが、まさに、このことである。

そして、人材が会社を去るときは、もうこの会社では自らの市場価値を上げられないと判断したか、会社の新しい戦略が自分の能力を必要としないと判断したときである。新しい挑戦を求めて他社に行く選択肢がありながら、より高い市場価値を身につけられる間は、その企業での業務に勤しむ。

採用に悩む企業はHCMで人材を惹きつける

HRMが「人材の有効活用」であるなら、HCMは「能力の最大発揮」であり、その目的は「自社が求める人材の誘致」である。人材の誘致というと、普通、まず思い浮かべるのは「会社説明会」である。しかし、ＨＣＭの場合、「当社に来た人材が、どのような過程で市場価値を身につけていくか」を説明するプロセスそのものが、人材の誘致なのである。

人事には「機密」が多い印象はどなたもおもちだろう。入社何年でマネジメントになり、その後何年くらいでエグゼクティブになれるのか、それぞれの報酬、平たくいえば平均年収はどんな感じか、評価は何によりおこなわれるのか等々、機密の塊である。一方、ＨＣＭはその真逆だ。自社が市場価値の開発にどんなに優れているか、評価や報酬をガラス張り化し、そのアカウンタビリティで人材を誘致する。言い換えれば、ＨＣＭのほうは「人材誘致の磁石」でもある。

この話を人事部の方にすると、いつでも一刀両断にされる。それは人事部門が悪いのではなく、まったく筋違いの話を人事部門にしたからだと思う。人事は会社の1プロセスであり、人事部は全社の組織の一部門である。一方、会社のスキルセット変革は会社の生命線であり、経営戦略の根幹中の根幹だ。「ウチに来れば市場価値がつけられ、その後、大きなキャリアアップができるよ」は、人材誘致の大きな武器だ。そして、付け加えるなら「大きな報酬は、確固たる市場価値がついてからもらえばいい。それまでの過程は、いわば訓練なので報酬は低くてもいいよね」という論理があり得るということである。つまり、一般的には優秀といわれるような人材が入社してきて、高いモチベーションで高品質の仕事をこなし、その人に支払う給与はほどほどでいい。まさに経営モデルの根幹だと思う。HRMは人事のモデル、HCMは経営モデル。すなわち経営者マターの話といえよう。

こういった話を中堅企業の経営者の方々にすると、「それは外資系の話でしょ。日本企業は違うよ」と、話をよくお聞きになる前に反論される。それに関しては、私からもふたつ反論がある。

ひとつは、転職市場が確立され、日本企業の多くがすでにHCMの流れに確実に傾いてきていること。

そして、もうひとつは「日本は違う」から、今後もそれでいいのかということだ。グローバル化は今後も急速に進むだろう。「日本は世界の中でも人口が多いほうなので優秀人材も多い」などといっている時代ではない。世界は広い。その中から、自社の明日に必要な人材を各社が懸命に探し、惹きつけようとしている状況だ。そんなときに、人材誘致の磁石がなくてもいいものなのだろうか。世界の流れと違うところにポジショニングしている会社ならいいが、すべてがそういう会社ではないだろう。

こういったお話をすると、今度は必ず「うちは中小企業なんですよ。大企業さんとは違いますよ」といわれる。だが、そこはちょっと頑張りたい。むしろこのＨＣＭの話は、大企業、それも成功体験の大きい企業ほど理解が難しい。やるとすれば、かなり大きな「決断」がそこにあるだろう。となれば、中堅企業のほうが一気に考え方を変えやすいためにハードルは低い。「中堅企業は人材難」。この固定観念を変えるチャンスがそこにあるように思えてならない。

繰り返しになるが、新しい人を雇うためには、当然、今いる人に退職してもらわなければならないときがある。終身雇用の世界では「辞めさせる」ということは、人を不幸にすることだとされていた。でも、本当にそうだろうか。

今の会社ではその戦略に合わない人材も、他の会社の戦略では大歓迎され、その能力を最大発揮できる可能性がある。

入りと出を別々に考えるのではなく、ひとつのサイクルとして人材戦略を考えると、この人材の話は難しいものではなくなる。何しろ、この分野で世界標準のベストプラクティスは事欠かない。誤解を恐れずにいえば、解決策はあるし、その導入には楽観的である。「組織を出ていく社員」が必ずしも不幸ではなく、組織がきちんとしたプロセスを導入していたら、能力はあるが自社では塩漬けというような社員を、輝かしい新天地に導くことができると思う。

まずは、この領域の話を、人事ではなく人材戦略、すなわち経営戦略として把握いただきたいと切に願っている。

事例 交通関連事業のA社でのウォールーム

交通関連事業を中心に事業展開するオーナー系企業A社は、10年後までを見据えた事業成長を実現するために、人材採用を強化していた。同社が現在展開している事業のほとんどは、街のインフラ関連事業である。そのため、自社の売上高や成長率が地域人口やGDPと連動するという難点を抱える。したがって、小手先の改革ではなく、まさに業態を変えるというレベルでの変革を必要としていた。

やり方を変えるのではなく、やることを変えるという場合の成功要因は、スキルセットの入れ替えであり、特にA社の場合、最大の課題は新しい人材の確保であった。

非常に大きな規模の企業であるが、人材獲得について、経営者自らが旗を振ってプロジェクトに取り組んだ。それでもうまくいかない。エージェントが持ち込む人材は、スペックが理想とかけ離れている。とうとう経営者の口からも「うちでは今回必要とする人材はとれないかもしれない」と弱音が出たりもした。悠長に人材戦略とかいっている場合ではなく、具体的な人材の獲得が必要な状況であり、ウォールームの依頼が来た。

人材獲得には、人材にとってその会社が魅力的でなければならないのは当然の話だが、経営理念・ビジョン、ミッション等、がわかったような気持ちになる甘い言葉では、心の奥底に秘める思いや考えは伝わらない。

何を隠そう、このときにも、まずは例の「南極探検」の整理から始めた。案の定、議論が活性化し始める。

ただ、経営者にとっての「南極探検」というのは、無邪気に公言できないことが多いのも事実だ。責任感が強ければ強いほど、「現在」を起点として企業説明をし、候補者が本当に知りたい情報よりも後ろ向きに見える、現状の話を伝えてしまう。

本当の思いを心の奥底に秘めるというのは一見美学のように感じるが、その本質の言語化に成功できれば、それは人材獲得の有力な武器になる。

一方で、HCMの考え方に基づき、ポジション、キャリアプラン、給与・インセンティブ設計、そして職務内容についても、人材要件に合わせて新たな制度設計を試みた。スキルセットの変革に合わせて、「その人材を獲得するためにどうするのか?」という起点で制度設計を試み、「人材誘致の磁石」の整理に成功した。これにより採用人数としては、大きなインパクトを出すことに成功した。

ここまで書くと、人材専門の方々にはわかるかもしれないが、一般的には、採用の専門家たる人材エージェントからこのような整理を提案することはほとんどない。通常、人材エージェントは、決められた制度に則り、企業からいわれたスペックの人材を採用するために奮闘するものであり、そもそものポジション・キャリアプラン・条件の設計などの部分は、一部のハイレベルなヘッドハンター等しか触れることができない。企業側で「人材誘致の磁石」を再検討することが、人材戦略の実現に向けた大きな一歩となるという教訓を得ることになった。

「当社は出世が早く、最短12年で役員になります」

次の質問を見て、驚かれる方は多いだろう。筆者がＨＣＭの整備状況を確認するときによく使うものである。

「あなたの会社では、新卒社員は何年くらいで役員（経営者）になりますか？」

「何年で役員になれるかなど、その人材の実績によるものだ」と答えてしまいたくなる気持ちはよくわかる。

筆者としては、この問いかけにスムーズに回答できることを想定していない。事実、この問いかけをすると、「それはその人の実力による」のような回答が返ってくる。まさに予定通りである。どう予定通りかというと、人材誘致の働きかけへの関心が薄いということがわかる点である。実はグローバル企業といわれている企業は、このあたりがやけに明確になっている。

逆にいえば、ここがわからないと、人材は、その会社に移ってきていいものかわからないということである。

たとえば、アクセンチュア（当時はアーサー・アンダーセンのコンサルティング部門）では、会社案内に「当社は出世が早く、最短12年で役員になります」と昇進モデルが明記されていた。文書で明示化しているかは別として、グローバル企業が、聞かれれば即座にこうした昇進モデルを答えられるのは、「キャリアモデル」が明確だからである。

「能力が認められれば年次には関係なく昇進する」企業は日本企業にも存在するが、それは「過去にこういう例があった」みたいな話になりがちである。つまり、「キャリアモデルがあるから」というよりも、過去にたまたまそういう事例があった、と説明されているように感じて、再現性に疑問をもってしまう。

そうはいっても、何年で出世するのかなんて、人によりけりであり、きれいに一律に決まるものではない。では、なぜそんなことをわざわざ明言するのか。

それは人材の誘致と選択のためであるとしか思えない。元来、人事は、その性質上、密室の中でおこなわれるものである。おまけに人が判断するものだ。密室であるがゆえに到底納得がいかないこともあろう。

でも、そんなときに、たとえば「当社は新卒で、早ければ12年で役員になれる」などと説明があれば、どうだろうか。就職希望者からすれば、本当に12年で出世したいかではなく、そんなことを表立って表現するオープンな文化と、密室人事とは比較にならないほどの透明で公正な人事評価システムを期待して、胸が躍るに違いない。

つまりそれが、人材誘致の磁石でもあり、人事に関する安心は、リテンションにつながる。さらに、「能力を正しく発揮すれば出世につながる」という安心感は、その人材のモチベーションを高めるはずだ。その結果として得たポジションは、市場価値の証明として、高額報酬での転職のパスポートとなるかもしれない。もちろん、他社に移るチャンスはあっても、自分の信じる組織であれば、さらなる腕磨き（市場価値向上）を選んでとどまり続けることだろう。

人事部門であれば、キャリアモデルは人材育成の話かもしれない。しかし、経営者側にとってのそれは、人材の誘致と選択の話になる。さらにいえば、その後の人材のモチベーションや成長の速さが決まるとなれば、経営戦略の話になると思う。

一見、リストラに見える「スキルセットの変革」

日本語には「改革」と「変革」なる言葉がある。英語表現にしてみると、前者は「リエンジニアリング」、後者は「トランスフォーメーション」とでも言い換えられよう。**改革（リエンジニアリング）は「やり方を抜本的に変えること」、変革（トランスフォーメーション）は「やることを変える」というように区別している。**

改革についてはすぐにイメージが湧くと思う。でも、変革のほうは、どうだろうか。一言でいえといわれれば、筆者は「業態が変わること」と表現している。

両者の大きな違いは、新しいスキルセットの必要度合いである。改革ならば今の状態でも実行できるが、変革となれば通常は業態が変わることになるわけで、まったく新しいスキルセットが必要になる。

●ＩＢＭ

この変革の説明になると、ＩＢＭの事例はおもしろい。冒頭に説明したナレッジワーカーマネジメントが整備されていなかったら、とても実現できなかっただろう。

ＩＢＭはメインフレーム（大型汎用コンピュータ）最盛期には43万人くらいの社員がいた。その後、ダウンサイジング（価格的には数百分の一のＰＣをネットワークでつなげてメインフレームの仕事を肩代わりする技術）の時代が到来し、メインフレームの消滅が始まった。当時のウォール・ストリートでは「ＩＢＭはいつ倒産するのか」が話題になっていたようである。

そんなＩＢＭを救ったのが、外部から招聘したルイス・ガースナーであり、彼が推進したリストラクチャリング（企業再構築）だった。彼は、当時43万人いた社員を、23万人までリストラ（人員削減）したといわれている。だが、このもっともらしい話は事実と異なっている。

ＩＢＭでは、43万人の社員のうち、実に34万人の社員が去っていった。残ったのは9万人くらいである。これは想像を絶するリストラに見える。ただ、あとで述べるが、これはリストラではない。

そして何よりも特筆すべきは、9万人まで減らす一方で、そこから次世代の戦略の実行に必要な14万人を新たに採用したということである。つまり、単純に人を減らしてコストを下げたのではなく、スキルセットを入れ替えたということだ。

これによって何が実現したか。メインフレーム主体のメーカーが、サービス事業の会社になった。そしてその後、コンサルティングの会社となり、さらにはソフトウェアの会社になり、今はクラウドの会社だ。

まさに業態が変化している。変革である。そしてダーウィンの「強いものが勝つのではない。変化したものが勝つのだ」というルールを地でいったことになる。

当時のＩＢＭの競合にＤＥＣ（デジタル・イクイップメント・コーポレーション）という素晴らしい会社があった。だが、ＩＢＭと同様のチェンジドライバーで同じ時期に壊滅的打撃を受けた。彼らの改革は素晴らしかった。でもそれは、やはりハードメーカーとして（業態を変えずに）生き残るというものであった。結局はその後、ヒューレット・パッカードに吸収されることとなる。

先のＩＢＭの例は、一見、人件費低減を目的としたレイオフに見える。事実、それを決めつけたメディアが叩いたのはご存じだろう。

でもその実態は、実はスキルセットの入れ替えによる業態の変化（変革）であり、その時代に適合した企業になることに成功したということなのである。

●ミツトヨ

似たような話で、測定器業界のミツトヨという企業の例も有名である。元はノギスで世界一のシェアをもっていた会社だ。ところがその後、3次元測定器が出現し、それが主流になってくることが予想された。

ノギスはいわば「単体の工具」であるが、3次元測定器はいわばコンピュータである。となれば、今後は工具業界ではなく、コンピュータ業界の企業になる必要があるとして、セールスを一気にエンジニアに転換させ大成功を収めた。その結果として、工具業界に身を置いたまま、実態はコンピュータ屋に業態を変えることとなった。

またこの話は、人材の入れ替えだけがその方法ではない。たとえばファナックというFA、ロボット、ロボマシンの会社がある。工作機械という業種に、ITのスキルを会社ごと持ち込んで成功した。つまりは「工作機械屋の皮を被ったコンピュータ屋さん」として、デジタル化に向けてのスキル変革の真空地帯に飛び降りたということである。

また、総合コンサルティング企業のアクセンチュアも似ている。アクセンチュアの場合、会計事務所の中に、マネジメントサービスの部門を設置し、「システムコンサルタント」なる職業を提唱した。でも、その実態は、厳密にいうとコンサルタントではなく、コンサルタントの皮を被ったアプリケーションソフト屋さんであった。ただちょっと違うのは、顧客の「やりたいこと」をよく聞いてそれを具現化するのが従来からのSEだとすれば、システムコンサルタントは顧客の「やるべきこと」を提案し、それをお客様に納得してもらい、具現化する。しかし、これによって、システムインテグレーション領域でのブルーオーシャンを得て大成長を遂げた。

筆者はこうした議論の中で、「ところで、御社が○○の皮を被った××だとした場合、この○○、××は何になりますか」とよく尋ねる。多くの経営者は、こうした表現ではないにしろ、似たような感覚で、異なる市場への参入方法や競合との戦い方を考えているようで、ここはちょっとした議論になることが多い。たいていはうまい言葉がその場では見つからず、違うタイミングでご披露いただいたりして楽しい。

社員が安心して辞められるようにすることのメリット

先のIBMの変革の例だが、辞めた社員はその後どうしたのか。

彼らの多くは、自分が求められる新天地に移り、多くはそこで優遇された。なぜIBM

で戦略に合わない社員が、他に移っていけるのか。それは、彼らが市場価値を身につけていたからに他ならない。

ＩＢＭでは、社員の価値はふたつあるとしている。ひとつは社内価値、もうひとつは市場価値である。

社内価値というのは、「長年勤めた会社の中で人脈をもち、影響力を発揮できる」というものだ。時間が経てば経つほど自分の価値は上がっていく。ただし、それは終身雇用のように「これからもずっとその会社にいる」ことが前提となる。おもしろい話がある。30年前の日本では「転職者」は、我慢が足りない一種の悪者のようなイメージがあった。ところが昨今の転職事情では、「転職経験が一度もない」というのは逆に価値が低いとされると聞く。つまり、同じ会社でしか価値が出せない人という発想のようだ。

一方、市場価値についていえば、これは読んで字の如く「どの会社でも普遍的に通用する価値」のことだ。ある製造業の人事部長が、リクルーティング会社に自分の市場価値を確かめようとしたときの話を聞いたことがある。ご本人は、自分の市場価値は「年俸で5000万円を超える」ものと期待したらしい。ところが実際に算出されたのは600万円だったという。その会社に在籍し続ける限りは、会社の仕組みに精通し人脈があることで、それなりの年俸だったが、それがリセットされてしまえば残る価値はわずかということだった。
極論すれば、会社の戦略として社員に市場価値をつけさせ、いつでも安心して辞められるようにする。これが結果的に、スキルセットの変更を容易にしていることになる。

同じような話がジャック・ウェルチ時代のGEでもある。くわしい話は省くが、GEは次々と傘下に戦略会社をつくり、市場成長率と市場占有率の2軸でポートフォリオ管理をしている。その中で、市場成長率と市場占有率の両方が低いセグメントを「負け犬」として会社を売却していく。つまり、経営環境の変化が激しければ激しいほど、相対的に競争優勢が高まっていくというモデルともいえる。

こんな逸話がある。とあるパーティで、ウェルチ氏は、負け犬となり売却された会社の社員に遭遇した。その社員は、ウェルチ氏を見つけるやいなや、すぐに近づいてきて「ジャック、今、私はこの会社でGE時代よりもはるかに高い報酬をもらっているぞ」と、今風にいえばドヤ顔でいったという。まあ、ある意味、ウェルチ氏に対して「自分を放出したのは、あなたの間違いだった」といいたかったのだろう。それを聞いて、ウェルチ氏はどう思ったか。「GEの戦略が間違いではなかった」と喜んだという。これは「GEは、社員に市場価値をつけさせていたことが証明された」ということであり、経営環境の変化に追従し、どんどんとスキルセットを変革していく際の強力な潤滑油になっていることが確認できたということらしい。

20年後のキャリアを社員と語る理由

筆者の所属していた企業では、自分の統括する組織内で「能力に問題あり（ローパフォーマー）」と診断された場合、社員のカウンセリングをおこなうことになっていた。メディアは、それを肩たたきという言葉を使い、問題提起をしていた。

筆者は、この組織に所属する前はメディアのいっていることを鵜呑みにしていた。でも、内側に入ってみると事情がだいぶ違うことに気づいた。

第一は「カウンセリング」という言葉だった。そこには、いわゆる外資系のレイオフみたいなニュアンスはまったくない。その言葉通り、相手の相談に乗るというものだった。

実際どんな話をするのか。主にはキャリアのことだった。それも今年来年の話ではなく、今から20年後くらいの話をすることが多かった。

今、自分のスキルセットが発揮できない（あるいは、そのスキルを必要としていない戦略をもつ）会社に残ったとしよう。その場合、20年後はどうなのだろうか。幸せなのか。たとえば今、自分のスキルセットを求めている会社があったとする。そこで思い切り働くほうが未来があると考えられないか。その人の未来のために、自分事として議論をしていた。

もちろん、いくら論理的に新天地での活動のほうがよさそうだったとしても、ケミストリー（相性）の問題などもある。

今の能力が求められていたとしても、それを発揮できる保証はない。ただ、その判断は会社が下すのではなく、本人自らが下さなければならない。上司は、その人のキャリアのオプションについて一緒に議論し、正しい判断のためのサポートをするという役割だった。

結果からいえば、「やはり（今の会社に）残って、新しいスキルを身につけたい」という人があの時代は多かったように思う。それが正しいか正しくなかったかではなく「自分が決めた」という事実が重要だと思う。

いずれにせよ、である。社員にとって「ずっとその会社にいられる」ということが安心なのか、それとも、「何かあれば自分を必要としている会社がいっぱいあるさ」が安心なのか、答えを第三者が勝手に決めつけるのはまずい。だから人材に対して、自社のバリューを正しく伝え、入社後に不幸になることを、事前に避けておかねばならないということである。

こうした仕組みは、その人たちも入社するまでは知らなかっただろう。そして、入社前にそれを説明されたら、もっとこの会社のファンがいただろうと思う。やはり人材戦略のガラス張り化は、人材誘致の磁石の中でも最上級のものに思える。

マネジメントプロセスの標準化が急務

日本企業に在籍すると、現場の業務は驚くほど高度に整備されているのに、いわゆるホワイトカラー業務（問題発見、会議運営、部門間調整など）といわれるものが驚くほど属人的だと感じる。ボスが替わればガラリとマネジメント方法が変わったりする。だからこそ、属人性だらけの会社における理論と法則を習得し、さらにはキーパーソンを多く知っている人が、高パフォーマンスを発揮できる。言い換えれば、市場価値とは異なる「社内価値」というものをもった人が、能力を発揮できるということになる。

「グローバル企業は出世が早い」などといわれるが、別にそこに所属する人間のほうが優秀であるわけでもなく、組織の気前がよいわけでもないだろう。ホワイトカラー教育の基本となるマネジメントのインフラが整備されているからだと感じる。

日本企業に中途で優秀人材が来ても、すぐに出ていってしまう、という話を聞いたことがある。属人化された業務を一から理解するのには手間がかかる。新参者は能力が発揮できないし、その会社にいる人に聞くこともできない、という感じかもしれない。

ただ、この議論を大企業でやると、すごく嫌がられる。それは「わかっている」が（あまりにもシガラミが多すぎて）「変えられない」というものである。よく理解できる。

ここで強調したいことがある。我々のウォールーム実験でも、このあたりの発想は、大企業よりも、中堅企業に向いているような気がしている。彼らは大企業と比較して、オペレーションの熟成化にお金や手間をかける余裕がない。そして大企業に比べて人材誘致が圧倒的に難しい。そのかわり、経営者が決断すれば、マネジメントの仕組みの変革は、すぐに意思決定される。これらはそれほどお金をかけずにできそうなものばかりである。若手社員の抜擢、人材育成の加速の機会は少なくないと思う。

Question

あなたの会社の社員が他の会社に移られた場合、その方々は大活躍する予感がありますか？

この問いかけについては、経営者の皆さまは「無理だろうなあ」と笑いながらお答えになるケースが多い。もちろん、謙遜からのお答えだろうと推察する。だが、その回答の本心は、本当に通用するかしないかというよりも「そういうことを考えて対応を図ったことがないからなあ」とも感じている。

この問いかけは、言い換えれば、「御社の社員は日々の仕事で、市場価値（マーケットバリュー）が磨ける環境にいますか？」と尋ねているのと同じことである。

よく「日本企業は、社員が業務を改善し、時間をかけて丁寧に仕組みを熟成化させていく一方で、外資系企業は、M&Aやアウトソーシングなどで能力をお金で買ってくる」と揶揄されることがある。私もかつてはそう信じていた。ところが、このあたりを丁寧に見ていくと、ちょっと違うことに気づいてきた。

たとえば、筆者がＩＢＭに移籍・所属し、一番驚いたことは何か。それは、マネジメントプロセスの数々であった。ありとあらゆる活動が標準化され、世界共通のプロセスとして配備されていた。

ＩＴ業界に限らずいろいろな業界で、ＩＢＭ出身のＣＥＯが多いことを不思議に思っていたが、その理由がよく理解できた。それは、ＩＢＭにいたその個人が他社にいた人に比べ特に優秀とかそういうものではなく、新天地にＩＢＭのプロセスを持ち込むからなのだと理解した。そしてこの基準をそこの社員に教え、人材開発をおこなっていくのだと悟った。

たしかに日本企業はオペレーション部分の磨き上げに時間を費やす。できあがった仕組みは究極まで磨き上げられているのに、さらなる高みを目指して活動が継続されている。

一方で、グローバル企業は、マネジメント部分での「ベストプラクティス」と呼ばれる世界標準の仕組みを好むように思える。事業開発の方法、計画の立案の方法、問題の発見方法、課題の分析方法、部門間調整方法、相手の説得方法、レビュー方法、コーチング方法などが驚くほど標準化されている。

戦闘機を例に考えてみよう。戦闘力を上げるために、戦闘機そのものにイノベーションを求めるか、それともパイロットの質的向上にイノベーションを求めるか、そんな違いのように思える。あくまでも筆者のイメージだが、日本企業が前者、グローバル企業が後者という気がする。

グローバル企業の場合は極論すれば、飛行機はどれでもいい。世界標準のコックピットがあって、操縦するパイロットがそれを習得している。操縦力で差別化を図ろうというイメージである。そのコックピットはさまざまな国で使われ、いろいろなノウハウが満載されている。だからそれとは違うものをゼロから考えようとしても、到底かなわない。どの機種でもコックピットが同じだから人材育成も容易だし、パイロット同士のノウハウ共有もやりやすい。

グローバル企業の差別化は、人間の機転や判断力、他人とのコラボレーション力による差別化である。

特にコラボレーションについては、先のＩＢＭの例ではないが、そこにいろいろなステークホルダーがいて、ある短い期限内に合意形成を完了させるとか、あるいは、さまざまな緊急課題について、瞬時に適任者が集まり、問題の真因をつきとめアクションをおこなう、といった類いの仕事の標準化である。本書のテーマともなっているウォールームなどはまさに後者の典型である。

今「瞬時に適任者が集まり」という言葉を使ったが、これだけをとっても、その準備ができていない会社は大変だと思う。「人を集める」ということは、誰を呼べばいいのか組織内の人材の能力が一元管理（タレントマネジメント）されていること、緊急要件でその人間が招集されたときの代行者は誰か、そしてその場合の人事評価はどうなるか、問題解決にかかるコストはどこがもつかなど、そのあたりまでが標準として仕組み化されているということだ。

ただ、ここで嬉しいのは、それらをいちいちゼロから考えずとも、世の中には定型化されたものがあり、それが収斂してきてスタンダード化しているということである。


いくつか例をあげてみよう。もし中堅企業が採用したら即効性があるという意味で非常に効果的だと思うのが、ＩＢＭの Strategic Business Forum である。

これは、期中で計画が未達な場合に、一気にそれを解決するために整備されているプロセスである。

大きくは、分析とアクションに分かれる。一見、戦略策定の作業にも見えるが、その目的は「事業計画のギャップを期中に埋める」に限定したものである。だから、市場がどうのとか、技術がどうのとか、ビジネスモデルがどうかなど、まったく議論しない。とにかくは、（1）計画と実績でギャップが生じている真因を洗い出し、（2）どのような手を打てば計画の目標が達成できるか。そして（3）そのアクションを実施するにあたり組織に何を要求するか（どのような助けが必要か）、それだけである。簡単なタスクフローと、アクションを記入するフォーマットが付属している。

通常、業績の悪いチームは、いくら奮起をうながしてもそんな簡単には挽回できない。なんらかのカンフル剤が必要なのである。一方で、事業責任者は現場の細かい事情はわからない。が、ヒト、モノ、カネについての権限はある。その権限をどのように行使すれば、チームのビジネスが戻るのか、それを責任者は知りたい。チームの最終アウトプットは、ギャップ解消のための事業責任者へのリクエストとその理由である。

計画が未達という状況において、必要なのは戦略ではない。組織への要求だ、というところにこのプログラムの本質があると思う。事業責任者は現場をこと細かく知らない。現場は投資権限をもっていない。この間の死の谷を埋めるためのものである。そして、リクエストされる側の事業責任者も、リクエストする現場チーム側も必死になる。だから火事場効果で組織が活性化するというおまけもつく。

もうちょっと大きな話として事業計画策定プロセスについても、某企業の事例でご紹介したい。

図表6-4は某グローバル企業の事業計画策定プロセスをデフォルメしたものである。第1ラウンドと第2ラウンドの二部構成になっている。第1ラウンドは春に、第2ラウンドは秋におこなわれる。筆者は常々、「会社」という存在はなく、それは人間の感情の集まりだと思い、「組織の底辺には感情が流れている」という考えに強く賛同している。

ここで表されているプロセスをはじめて見たときに、まさに人間が考える、交渉する、納得する、を考えたプロセスだと感心してしまった。

この事業計画策定は、コーポレートサイドと事業部門のコラボレーションで実施される。コラボレーションといっても、断絶が起点になっている。

まずはコーポレートサイドから「投資家の期待」ということで、凄まじいハイボール（高い目標）がくる。事業部門にとっては、これはあくまでも「たたき台」に過ぎない。「今後の交渉でさすがに下げられるに違いない」くらいにとどめようとするが、頭の中ではそのボールの高さのイメージが残る。

計画策定のインプットは、専門研究部門による今後の技術革新動向（テクノロジーアウ

図表6-4｜某グローバル企業の事業計画策定プロセス

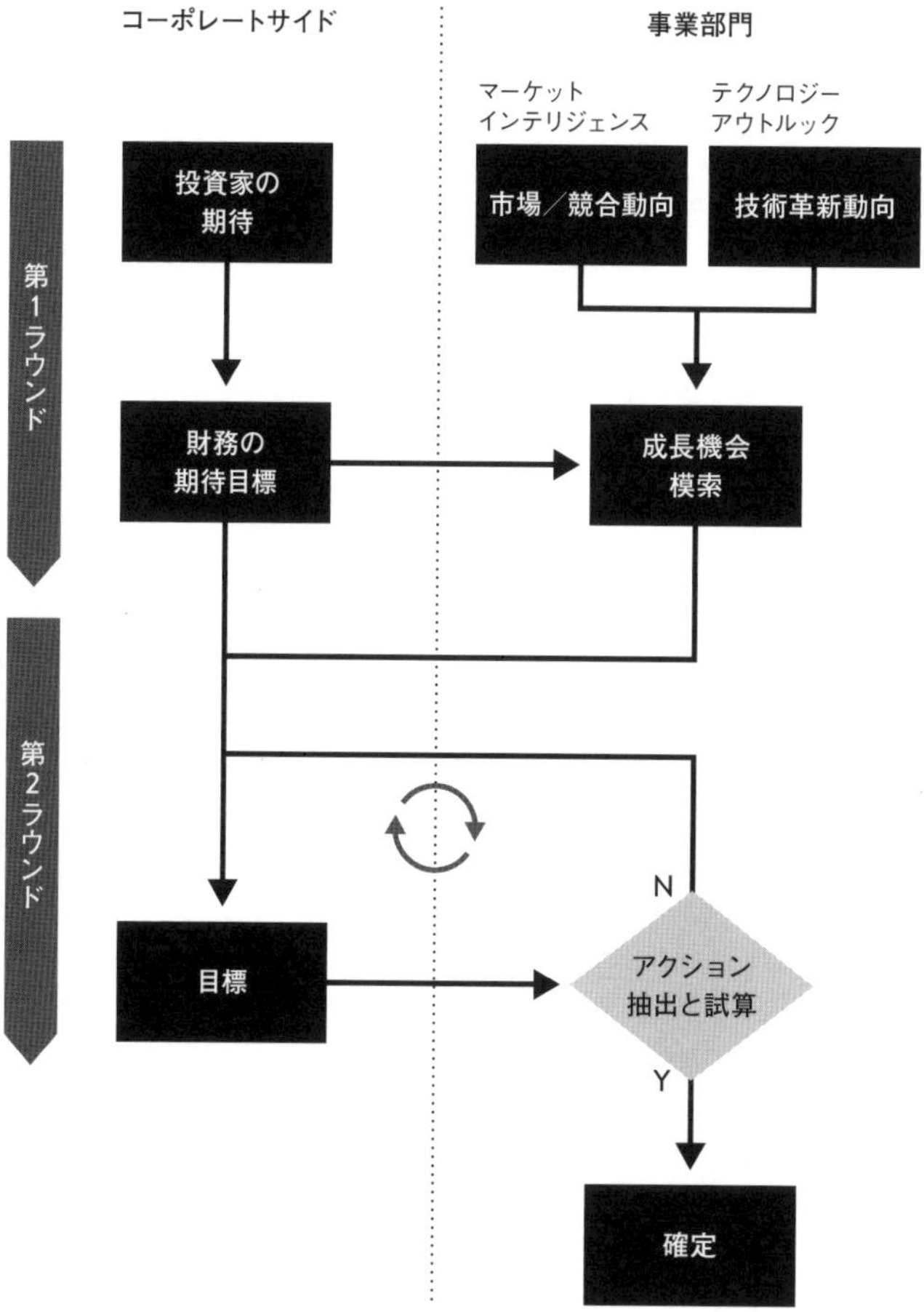

トルック）、それにマーケティング部門からの市場／競合動向（マーケットインテリジェンス）である。それをもとに、各事業のベストケース、あるいは新規事業を描いてみる。事業部門からのおおよその見通しとリクエストがコーポレートサイドに通達される。ここまでが「春の前半戦」である。

秋になると、正式にコーポレートサイドからの目標がくる。事業部門の意を汲んで、春に提示された数字よりはいくらか現実的なものになることもあるが、やはりまだ常識外れのハイボールに近い。

事業部門の中で、「その目標（高さ）を達成するには、どのようなワイルドアイディアがあるか」を考えるウォールームが開催される。

普通に考えていてはとても達成できないので、恐ろしいほどのワイルドアイディアがギャップ解消策のオプションとして加えられていく。事業部門の責任者は現場のこうした状況を鑑みながら、確実な着地を考えてコーポレートサイドとの交渉を始める。

従来なら、「直接部門」である各事業部門の計画を「間接部門」としてのコーポレートサイドが集約していくという流れがあった。でも、今やそうはいかない。両者ともが「直接部門」である。つまり、事業部門は市場／顧客への直接部門として、そしてコーポレートサイドは投資家への直接部門として「直接部門対決」がおこなわれている。

ただ、この対決こそが頻繁なコラボレーションをつくり、さらには組織としての説明能力を飛躍的に向上させる。その結果が納得感である。この納得感が計画達成へのコミットメントとなり、実現に向けての機運となる。

この事例の秋の事業計画策定プロセスは、ＦＣＰと呼ばれていた。Fall Commitment Plan の略である。この名前を聞いたときは、なんだか〝Ｃ〟の部分、つまり「コミットメント」という単語に違和感があった。ただ、秋は目標数字を達成していくための計画をつくりつつ、リーダーのコミットメントを引き出していくものだと考えればこんな素晴らしい命名はないと思う。

こうした流れがプロセス化され、同じプロトコルで毎年の真剣勝負がおこなわれる。その繰り返しが、個人はもとより組織としての戦略の発想力や計画立案能力を鍛えさせ、その精度が時間とともに高まっていく。これは、単なる戦略や計画をつくるというだけでなく、組織力の醸成ツールでもあり、人材育成の基盤でもあると思える。

また、こういう仕組みをつくり導入するということそのものが、この企業の重要な戦略のひとつであるともいえる。

広島支店のパイプライン管理が全社適用に

日本企業のマネジメントの標準化の例も紹介したい。この話を聞いたときは衝撃だった。「ツールは使ってこそ意味がある」をまさに地でいく話だと思った。医療食品会社のパイプライン管理の事例である。

読者の皆さまはパイプライン管理というセールスマネジメントでよく使われる手法をご存じだろうか。売上高という直接の指標を達成できたかできなかったかを管理するのではなく、その売上げを創出するための先行指標、たとえば、顧客コンタクト、ニーズ把握、提案機会獲得、提案、内定、受注の流れを管理していくものだ。これをその使い道を知らない管理職に渡すと、セールスの千本ノックに使われる。

東京の多摩支店から広島支店に転勤になったある支店長は、このパイプラインが組織力強化のためのものだと完全に理解していた。早速、前述のように先行指標を定め、エクセルで進捗管理を始める。しかし現場は、新任支店長からの千本ノックを恐れてなかなか入力してこない。そこで、その支店長は、こういうルールを設けた。顧客コンタクト、ニーズ把握、提案機会獲得、提案、内定、受注の各パイプライン・ステージを2週間続けて進捗できなかった案件をもつ人のみ、毎週月曜日の営業会議に出席しなければならない、というものだ。会議に出席しなくて済むように、現場は目の色を変えて案件を進めていった。

それでも、2週間以内に案件を進められない人もいる。支店長はその理由を、①セールステクニックの課題、②マインドセットの課題、③忙しさの課題、の3つに分け、進捗できなくて会議に出ざるを得なくなったセールスに報告させた。

新任の支店長には、まだこの地域の特性、メンバーの能力やキャラクター、案件の状況などわかりようがない。自分がもっているものは支店長としての権限のみ。そこでテクニック、マインドセットの課題をもつセールスには、そのセールスに成り代わってそのパイプラインを進められる人材をアサイン。忙しさの課題については、担当顧客を他のセールスへ移管した。

叱責を受けるために集められたと思っていたら、自分の権限では到底実行できない問題解決をしてもらったということで、一気に会議出席者のモチベーションはアップした。

結局、その広島支店の売上げは1年後、前年対比12倍となった。筆者は当時、いわゆるコテコテの日本企業にいて、これをご本人からお聞きしたときに、この仕組みのマジックに感動した。一見、個人を管理するような仕組みだが、正しく使えば、組織内で協力関係をうながすことができる仕組みだったわけである。それ以来、筆者の有力なドメインは営業改革になって、現在もそれが続いている。本書の執筆時点でも、ある企業の営業改革の案件があり、その顧客先でも彼直伝のパイプライン管理が稼働している。

さて、その後どうなったのか。支店長ご本人はその実績を引っ提げて、のちにエグゼクティブになられたが、それよりも素晴らしいのは、そのときの部下、つまり彼の教え子たちが全国に管理職として散らばっていく際、全員が彼のパイプライン管理を活用したとのことである。現在、パイプライン管理は全社共通の仕組みとなって、その支店長の正しい運営方法が守られているという。また、そのうち数名は、その後他社に転職し、そこでもまたこのパイプライン管理で組織力を強化しているとのことである。

ホワイトカラーの武器は、発想、判断、異例対応力など定型化できるものではなく、研修で教えきれるものでもない。このパイプライン管理のように、全員が同じ仕組みの上で自由にコラボレーションするからそのスキルは伸びていく。もし、これなしに営業会議だけでコラボレーションをおこなっていたらこの会社はどうなっていただろうか。

こういったマネジメントモデルの標準化の話をするとキリがなくなる。書籍2、3冊になってしまうだろう。

いずれにせよである。ホワイトカラーに必要とされる能力が、いくら異例対応力だとか判断力だとかいわれても、無手勝流では能力開発の効率が悪すぎる。世界で標準化されているマネジメントの考え方を導入し、そこで人材を育てていかねば、人材が市場価値をもてなくなる。というよりも、よほどブランドをもった企業でない限り、新しい人材を獲得できないし、肝心の能力発揮、さらには定着化も難しいだろう。

さらにいえば、こうしたマネジメントに関するベストプラクティスはかなり収斂されてきていて種類は多くない。だからこそ導入に迷う必要もない。重要なことは、こうした仕組みを組織としていかに使いこなせるかである。

「2回以上転職した人」を採用する理由

ここで、さらにもうひとつおもしろい話がある。ある企業の顧問が中途採用者のスペックについて語った話だ。それは「2回以上転職した人」というものだった。読者の皆さまは、この意味がおわかりになるだろうか。筆者はまったく想像ができなかった。

その意図は、「1回だけだと、前に勤めていた会社のやり方が正しいと信じて、それをここに適用させようとする。でも、前の会社のやり方が間違っていたら大変なことになる」というものだった。だから「2回転職した人だと、世の中、やり方はいろいろあるんだなと思って、この会社に来たときに、前職のふたつのやり方のうちどちらの方が適しているのか、とか、この会社にふさわしいやり方はもっと他にあるのではないかと考えるかもしれない」というものだそうだ。筆者はそれを人づてに聞いたのだが、なんと実践的かつ現実的なアイディアなのかとびっくりした。

この会社は、通常だと一流企業というところに入れる高学歴の人材が敬遠してしまう不人気業界にいる。だが、その業界でも、「この会社だけは違う」と、オーナーのビジョンに人が殺到してきている。入社してくる人は、「前職の仕組みのほうがきちんと整備されている」と思い込んでいる。そしてそれも事実であることが多い。だから他意はなく、前職の仕組みを持ち込もうとする。だが、そのよいと信じ切っている仕組みが、ベストプラクティスというものではなく単に前職でやっていたというだけの仕組みであった場合、現場は混乱したという。だから、2回以上転職した人である。

その顧問の方も、かつては誰もが知る超一流の戦略コンサルティングファームにいらした方だと聞くが、インドのジュガード顔負けの発想に驚いた。

出戻り大歓迎！と歓迎する社長

「転職」を「根性のない人」とか「カネに目がくらんだ人」とか色眼鏡で見る人は、さすがに少なくなった。とはいえ、人材を他社に奪われた方としては「退職した人材が活躍するなどあってはならない」という気持ちになるだろう。そこで次の質問を考えてみてほしい。

「あなたの会社の卒業生で一番活躍している人は誰ですか？」

嫌なことを思い出させることを意図しているわけではない。この問いかけの本当の意図は、その会社が社員に「市場価値」をつくり出させる仕組みや文化を有しているかを大まかに把握するためのものである。もちろん、その会社からの恩恵などはまったくなく、自身の見えざる才能が偶然開花して成功した、という人もいなくはないだろう。そういった個人差はあるにせよ、卒業生に活躍している人がいるということは、その会社になんらかのよい部分があったということである。それが、人材誘致の場面なのか、入社後の人材活用の場面なのか、そのあたりの隠れたよさを把握したい。

「あなたの会社を退職した人が、また戻ってくるといった場合、あなたの会社はそれを歓迎する風土がありますか？」

昨今、社員が退職する際に「卒業」という言葉を使う企業が増えてきている。退職と卒業。なぜ使い分ける必要があるのか。

どうも、定年退職はおめでたいが、そうでない退職（転職）は、その仕事に我慢できず逃げていく落伍者、あるいは高い報酬に釣られて転職していく裏切り者というニュアンスが残っているような気がする。それに対して「そうではないんだ、いわば巣立っていったんだ」というニュアンスを「卒業」という言葉がもつのだろうと解釈している。

本書で何度も議論してきた通り、人材は誘致するものであり、その人材は市場価値獲得の場を提供すれば、誰にモチベートされることなく自分で能力を磨く。そして、機会があれば、幸せに退職し新天地で能力を発揮する。このサイクルの稼働化が必要だと考えている。

サイクルの最後の退職は、自分の市場価値の場をつくってくれた会社や仲間への感謝があり、それゆえに「卒業」という言葉を使っているともいえる。そして卒業後はＯＢとして、アルムナイ（同窓会）が開催されたり、ビジネス上の連携が活発におこなわれる。さらには、いろいろな経験を積み、母校ならぬ卒業した会社に戻るケースもある。いわゆる出戻りというやつである。

グローバル企業は、この出戻りを大歓迎する。自社では開発できなかった能力を他社、他業界で磨いてきた人間であり、その人物を把握しているので、「優秀な人材が研修を終えて戻ってきた」ということになる。こうした退職したり、戻ったりに嫌悪感を抱く人たちもいるだろう。また、キャリアを磨くとはいいつつも、実はどこに行っても定着できず、すぐに転職を繰り返すジョブホッパーもいるだろう。ただ、かつて自社にいた人材なら再雇用時のリスクは少ない。必要なのは、「経営戦略としての人事の考え方」がそこにあることである。

プラスの今泉嘉久会長にこの問いかけをさせていただいた。「出戻り大歓迎！」と即答された。「自社で人材を開発しようとしても限界がある。だけど転職した人は新天地で頑張り、そこには大きな学びがあったはずである。お金を払ってもいないのに、そのような人が手に入るなんてこんなうまい話はない」とそんなことをいわれたように記憶している。「それと、他社に行くと、隣の芝生は青いみたいなことがある。それで戻ってきてくれるとすれば、会社への忠誠心がすごく強い人材を得たことにもなる」と続けられた。今泉会長とお話をするといつものことではあるが、ここでも感服させられた。

「組織は人なり」という言葉は好きである。そして、日本企業が人を大事にする文化も素晴らしいと思う。ただ、人をリソースとして見る時代から、スキル（タレント）として見る時代に移ってきていると思う。社員から見たその企業の価値は「その会社にいたら、自分はどのような市場価値がつけられるのか」に大きく傾いている。人材を人事マターでなく経営マターとして考え、人材が活躍できる仕組みとして考えることが急務だと思う。

第7章

DX はIT化の名称変更か、それとも戦略か?

DXにおけるCEOの役割

ここで、ちょっと大上段に戦略を考えるというところから抜けて、今流行りのDX(Digital Transformation)について考えてみたい。

「あなたの会社はスマホのアプリのダウンロードに寛容ですか？」

この問いかけは、誰が聞いても、ちょっと意味不明だろう。筆者は「ちなみに」と最初につけて、余談めいた形で何気に聞いたりすることがある。

これは、DXに造詣が深いジャパン・マネジメント・コンサルタンシー・グループ合同会社代表の大野隆司氏とDXの実態について議論したときに思いついた。DXの課題について語る彼の口から出てきた言葉が、あまりにも意外で、それでいて核心をついていた。顧客との会話の中で、そのような議論に誘導することを目的に、問いかけ形式にしてみた。

ものの本には、DXも「CEO主導」とある。だが、本当にそうだろうか。もちろんC

EO自らが旗振り役となり主導してくるのは助かる。でも、そうはならないと、いや、そうはできないと、個人的には思う。

かなり昔、ある研修で、インストラクターが「昔は黒電話（これも死語、いわゆる携帯でない電話）がない家があったんですよ」といったところ、「え、全部の電話が携帯だったんですか!?」と尋ねられ驚いたそうだ。

生まれてきたときからデジタルが当たり前の人がいて、彼らが、社内のデジタル化を推進したり、デジタルで事業を創出したりする。そこで「黒電話が何かがわかるCEO」ができることは何か。それは、とにかくはデジタル世代がリクエストする「実験を認めてあげられるか」にかかっていると思う。

スマホにアプリを入れるつど、会社に申告し、「そのアプリ、何に使うんだ？」と聞かれているようでは、その会社でデジタル化は難しい。

たとえば「チャット」を導入したとしよう。

これをソフトウェアの話だととらえればもうそれ以上話は進まないだろう。これは「新しいコミュニケーションのあり方の話だ」ととらえられなければ本質を見失ってしまうと思う。

同様に、「チャットを導入したら100％コミュニケーションがよくなるのか？　その財務価値はいくらか？」といわれても答えようがない。それでも、「あるロジック」を入れて財務価値を無理矢理に算出し、上の人（意思決定者）にその導入を許可してもらう必要がある、という伝統的企業が多い。推進者からすれば「『べつに、工場をどこかに新設したい』とかいっているわけではない！」と叫びたいものがあるだろう。このあたり、実験を認める寛容さがないと、ＤＸは「できることだけをやる」ということになってしまい、掛け声倒れになるのではないか。

目的？　手段？　ＤＸを難解にしているもの

これはちょっと誘導尋問っぽい問いかけだと思う。

「ＤＸは、目的ですか、手段ですか？」

そう尋ねられれば、思わず「ＤＸは目的ではなく手段にすぎません」と模範解答を答えてしまうような気がする。

ＤＸに限らず、手段を目的化してしまう間違いは日常よくある。この手の話はＩＴの世界がわかりやすい。たとえば、ＥＲＰを導入する場合、それが手段であるなら、目的は決算の早期化や経理業務のコスト削減などになるだろう。でも、それそのものを目的とするならば、その手段は優れた方法論を探し、認定コンサルタントを雇うといった具合になる。

では、ＤＸが目的でなく手段とすれば、本来の目的はなんなのだろう。でもそうなると、決まって急に話が抽象的になり、苦し紛れに「競争優位性の確保」みたいな古臭く、そして漠然とした話になるのではないだろうか。

ＤＸと聞くと、筆者はその昔ＰｗＣコンサルティング（のちにＩＢＭが買収し統合）に所属していた頃のペーパーレス化をどうしても連想してしまう。当時のＣＥＯの倉重英樹氏（現シグマクシス・ホールディングス代表取締役会長）は、ペーパーレスを推進した。それは単なるペーパーレスを目指すというレベルではない。

たとえば、ホワイトカラーの社員一人が所持している紙を重ねたとしよう。どのくらいの高さになるか。そのときの調べでは平均8メートルくらいになるということだった。それをなんと20センチまで圧縮した。ちなみに20センチとは社員ひとりにあてがわれた収納スペース。引き出しひとつ分だった。

まだ若かった私はそれに反発した。「ペーパーレスは手段であり目的ではないです」と自信満々で反論すると、倉重氏は毅然とした態度で「ペーパーレスは目的だ」といわれた。その迫力に呑まれた私は「はい、わかりました」と情けない返事を思わずしてしまった。

倉重氏の話は続いた。「プリンター（印刷物）は情報の共有化を阻害するが、壁プリンター（プロジェクター）は情報の共有化を促進する」と。そうなればもう反論とかいうレベルではない。

結局、まさに究極のペーパーレスが完了した。するとどうだろうか。結論からいえば5年間で生産性が5倍に伸びた。人員の伸びは2倍、売上げは10倍。コンサルティング会社は設備をもたない。つまりこの結果は「人材の能力がついた」ということである。言い換えれば「組織にシナジーが生まれた」ということだろう。

くわしい話は割愛させていただくが、人が必要とする情報は、紙として引き出しにしまってあったり、記憶として頭の中に眠っていたりしている。誰かから求められた場合、紙をそのまま渡すと、誤解や勘違いを生んでしまったり、その一部に機密情報が入っていたりする。だから、相手に合わせてサニタイズしたり、リファインさせたりするわけだが、それが面倒この上ない。だから、誰かに聞かれてもそれは「もってないということにする」という風潮がどうしてもあった。

ところがどうだろう。データが電子化され「簡単に情報を加工して渡せる」ようになった瞬間に、凄まじい勢いで情報交換が発生し始めた。情報交換が始まると、「情報をもらえない人間」と「情報が集まる人間」が出てきて、両者の業績の差がみるみる広がっていく。「情報が集まる人間は、自分でも情報を提供する人間」だと感覚的にわかってくるにつれ、ナレッジポイント（情報を出す人間）に人気が集まった。次第に組織のシナジーが生まれてきた、というよりも雰囲気、もっといえば文化までもが変わってきた。

個人的には、それ以来、やれ目的だの手段だの、うるさいことはいわないことにした。特にDXについては、目的か手段かを議論し始めると進めないと思う。デジタル化を進めれば、そこにデータが生まれ、データが情報に変わり、その延長線上で今までと違う発想が生まれやすくなってくる。

逆にいえば、やってみなければ、どのような成果がどのように出てくるかを明確に把握できない。ここで躊躇するのかチャレンジするのか、そこで勝者と敗者が生まれてくるような気がする。すでに成功したGAFAの例で正当化しても説得力がないが、彼らのもっている不思議な魅力や文化はこんなところにある気がする。

「あなたの会社のDXに求めるものは、まったく新しいビジネスモデルでしょうか、それとも、今やっていることを格段に強くするものでしょうか？」

この問いかけは、その企業で、デジタルとITが明快に区別されているかを把握する、という目的で尋ねる。ちょっと遠回しな聞き方をしているが、DXの目的がどれくらい絞り込まれているか（具体化されているか）を確認することで、従来の情報化との意識の違いを知ろうという意図である。

この場合、どう答えるかは、問題ではない。それに即答できるか、それとも迷ってしまうか、そのあたりが重要だと思っている。

DXと称するものが、従来からの業務の自動化の延長線上（IT）なのか、それとも抜本的な競争優位性をデジタルに明確に求めようとしているのか、その期待度と戦略の有無を確認したい。

「皆がやっているから、ウチもやらなければならない（やっていることにしなければならない）」。DXについては、特にこの風潮が強いと思う。また、今やどの企業にもIT部門はあるわけで、そこでの活動をデジタルと読み替えているだけだという話もよく耳にする。ただ、筆者はこのあたりはポジティブにとらえている。デジタルとなったら、急にそれが経営の重要アジェンダに格上げされたからである。

ＤＸの厳格な定義はその専門家に任せるとして、ＩｏＴを発端にロボティクスやＡＩにより生み出される新しい価値が、業務プロセスの合理化に主軸が置かれがちなＩＴとは区別（拡大解釈）される必要が生じてきたのかとも思う。つまり、ＩＴの上位概念の言葉としてのデジタルなのだろうか。そこの主役はデータで、デジタル化の中で生まれてきたり収集されてきたりした膨大なデータを、従来とはまったく違う概念でビジネス価値にしていくことが必要になってくる。それはもう、情報化戦略ではなく経営戦略そのものといえるだろう。

ただ、問題はそのあとだと思う。人々がデジタルに期待するものに「柔よく剛を制す」的な思想があるだろう。ヒト、モノ、カネ、といった経営資源において、大企業にまったく歯が立たない中小企業やベンチャー企業が、デジタルの力を借りて大企業相手に互角以上の勝負をする。このときの武器が、従来にない新しい価値なのか、それとも今の事業を格段に強化したものなのか興味深い。ただ今までの経験だと、この問いかけに対して被せるように自社のＤＸ戦略を教えてくださる経営者と、「うーん、答えられないなあ、ウチはＤＸという言葉を気軽に（従来のＩＴと同義で）使ってしまっている気がする」というような反応の両極端な印象である。もちろん、デジタルなどまったく不要な業種や会社もあるわけで、ここに正しい正しくないはないことを強調しておきたい。いずれにせよ、「貴社のＤＸ戦略はなんですか？」と尋ねるよりもはるかに本質的な部分が確認できそうだと感じていただければ幸いである。

結局、何をデジタル化したいのか

この質問が、ＤＸの核心的部分かと思う。

「あなたの会社におけるデジタル化の対象は、商品、プロセス、人材のどれでしょうか？」

まずは、商品のデジタル化から議論してみよう。すぐに思いつくのは、教員や講師が生徒にクラスルームで教えるといった教育の世界が、オンライン教育に変わるといったものだろうか。

昨今の学校や予備校等に見られるのは、講義動画データを生徒のスキルデータとマッチングさせて、不得意エリアを強化したり、生徒が「理解しやすい」と評価する講義者の授業をどこでも活用できるようになっている。

趣味のジャンルだった世界においても、たとえば一般の主婦でも英会話が得意だったら、リモートで英会話ビジネスが可能になってきている。これは、主婦の英会話コーチングのスキルデータや時間データと一般の受講者のスキルデータと時間データをマッチングさせることでの実現だろう。

あと、商品のデジタル化と聞いて、筆者が真っ先に連想するのは音楽業界である。古くはアナログなレコードがあり、その録音技術をデジタル化させCDが誕生する。そしてMP4という圧縮技術による新しいデジタル音源が生まれ、それを使い音楽配信の世界がつくり出されることになる。さらにそこから、今やおなじみのサブスクリプション（サブスク）なる定額モデルが生まれてくることになる。商品がデジタル化されれば、それだけでビジネスモデルの柔軟性は大きくなり、事業の可能性は広がっていく。

「デジタルツイン」なる言葉がある。デジタルによる双生児（ツイン）をつくる、つまりは、リアルにあるものをデジタルの世界で再現し分析をしていくというものである。

たとえばリアルな発電所をそのままデジタル化し、どこが故障しそうかをシミュレーションする。また、医療の世界では、心臓病の治療など臓器そのものが複雑で手術の難易度が高いものについて、事前にさまざまな検査をおこない、実際の臓器と同じものをデジタルの世界で実現（デジタルツイン）し、そこでのシミュレーションにより、手術方法を検討したりする。リアルの世界で絶対に失敗できないものを、デジタルの世界で実験したり練習できたりする効果が大きいのは、よく理解できる。

しかし、ビジネスという観点で見ると、そこにまた違う話が加わる。先の心臓の手術を例にあげて考えてみた。患者からしたら、最初に自分の心臓のデジタルツインをおこなったあと、そのデータを共有できる環境のある医療機関に行けば、医者がそれを見ながら問題の原因を考えたり、そして検査の結果、何かの異常があれば、その対応方法を検討したりできる。オンラインで専門家に相談することもできるだろう。その一方で、もし共有できない病院に行くとなれば、一連の検査を最初からおこなう必要がある。デジタル化に対応できている環境があるかないかは、患者から見れば究極のスイッチングコストであり、病院から見れば究極の参入障壁となりうる。

さて、次にプロセスのデジタル化について議論してみたい。

スポーツの世界がわかりやすいかもしれない。アメリカのスタジアムスポーツではチケットはデジタル化されているが、その結果、チケットをスタジアムの駐車場の入り口で示すと、自分の席に行きやすい駐車スペースへ誘導される。競技場内でも自分の席への誘導をスマホがしてくれるし、スナック購入の際もホットドッグの30パーセントオフサービスがついたり、さまざまなサービスや体験が可能になる。

これのすごいのは、今まで、競技場（席）、駐車場、小売（スナック等）がバラバラで全員に均一のサービスを提供していたものが、チケットデータによって個々に対してのユニークなサービス提供が可能になったことと、それをスタジアムに入るところから帰るところまで一貫した体験として届けるのを可能にしたことだ。ファンの満足度は格段に向上するだろう。

これはＩＴ化による自動化の代表例だが、スタジアム運営側からすれば、駐車場管理、競技場スタッフなどの工数が一気に削減できる。表向きは「顧客の利便性」なのだが、その背後には提供者側にとっての大きな省力化効果がある。

プロセスのデジタル化といえば、昨今流行りのプラットフォームなるものがその典型だろう。従来、営業の高度化、営業の省力化をうたうＩＴ化はあったが、プラットフォームは営業の解散を意味するものである。ネットが、従来型のアナログ営業にない、またはそれを凌駕した強力なカスタマーエクスペリエンスをつくり出しているのは、アマゾンなどを見れば明確であろう。ユーザー側の行動を把握し、それを分析し提案をしてくる。その提案内容も、「あなたはこれが必要なはず」という決め打ちではなく、「あなたのような人はこんなものを買っています」といった絶妙な距離感。また、ユーザー数の多さを武器としたアフィリエイトプログラムなど、従来のような「始めにビジネスがあって、ＩＴはそのサポート」という概念でないことは明快にわかる。

そして、最後にヒト（人材）のデジタル化であるが、もっとも端的でかつ安易なのは、ＡＩの活用であろう。従来ならばベテラン、もしくは天才でしかできなかった業務をＡＩに代替させるというものである。医療の世界では、ベテランの医師が解決できない問題をＡＩが解決している例は少なくない。

ただ、ＡＩに向くものと向かないものがある。ＡＩという言葉への大きな期待はまだ禁物かもしれない。だから、このあたりで「あなたの会社の業務で、ＡＩを活用することで大きな効果があがる領域はどこでしょうか」といった問いかけをしてみるのもいいかもしれない。これにより、ＡＩがどのような特性の業務に向いているとか、ＡＩそのものの現時点での限界を考えるよいきっかけになるであろう。

ＤＸは、さまざまなデータの活用による変革を意味する。そのためには、それぞれの企業が保有する価値ある情報やプロセスをデジタル化して、外部のさまざまなデータや機能と合わせて、より価値あるものにしなければならない。
2020年経済産業省発表の「DXレポート2」によると、95%の企業はDXにまったく取り組んでいないか、取り組み始めた段階であり、全社的な危機感の共有や意識改革のような段階にまでは至っていないという結果だった。「DX＝レガシーシステム刷新」、あるいは、現時点で競争優位性が確保できていればこれ以上のDXは不要である、等の本質ではない解釈が是となっていた。

どの部門に任せるかよりも、誰に任せるか

DXもやはり、人事、人材の問題にいきつく。

「本当であれば、デジタル化を任せたい人材は誰でしょうか？」

ここも、別に固有名詞を聞きたいがために質問しているわけではない。むしろ、この質問によって相手が「組織の縦割りの無意味さ（危険さ）」を理解、いや感じているかを確

かめたい。適材適所という言葉がある。組織は、それを考えて人材配置をおこなう。だが、今までの発想にない新しいことをおこなう場合には、従来からの適材適所のルールではまかないきれない場合もある。

「○○○○○という仕事があるのだが、これはどの部門がおこなうべきだと思うか？」と尋ねられることがある。こうした場合の筆者の答えは決まっている。それは「〝どの部門に任せるべきか〟ではなく、〝誰に任せるべきか〟、つまりは〝誰ならできるか〟という観点で考えるとすぐにわかりますよ」というものだ。すると、たいていは「猛烈に忙しい（他部門の）誰かさん」がイメージされ、その瞬間、その発想は非現実的だと候補から消されるようである。

ただ、DXがその企業にとって重要な戦略であるとすれば、そんなことにかまっていていよいのだろうか。全社の中で、DXが推進できる「その人」がわからない、あるいは、わかっていても他の仕事でアサインできない、もうこの時点で「DXによる差別化」はアウトだと思う。

くどいようだが、DXが従来のITと一線を画した戦略性の高いものであるとすれば、それはその企業において、従来とまったく違う発想をもった人間がおこなう必要がある。こうした新しい領域の業務を、既存のどの組織が担当すべきかは不毛な議論だとしかいいようがない。

ふたつのX

ここでもまた、デジタル化が目的か手段かを尋ねたい。

「あなたの会社のＤＸでは、デジタル（データ）を活用したビジネスのトランスフォーメーションと、業務プロセスや商材のデジタル化とでは、どちらを先に進めますか？」

この章では「デジタルを活用してのビジネスアイディアがまだないのに、ひたすらデジタル化を推進する」というオプションもＤＸ化にはありだと議論してきた。そういう話に賛同される思考をおもちかどうかを確認するときに、この問いかけをすることがある。

先に述べた旧ＰｗＣコンサルティングのペーパーレスは、「ペーパーレス（デジタル化）こそが目的」で大成功を収めた。その一方で、前述のＤＸが専門の大野隆司氏は、このあたりについて「ＤＸというと、Ｄの部分、つまりデジタル化の話だと思われているが、実はX、つまりトランスフォーメーションのほうがより重要だ」と警鐘を鳴らす。

この話には答えが出ないと思う。筆者は、DXと聞くとある2軸4象限を頭に浮かべ「どこだろう?」と考えている。図表7-1を見ていただきたい。

ここでの縦軸は「デジタルによる圧倒的な差別化の発想をもっているか」、つまりは「デジタル化に目的をもっているか」を示している。一方の横軸は、「デジタル化の進捗度合い」つまりは「プロセスのデジタル化とデータのインテグリティ(一貫性)が保たれているか」である。デジタル化が進展しているほど、経営環境の変化への対応力(アジリティ)が増しているという仮説に基づいている。この2軸を、DXの方向性(2つのX)と呼んでいる。

象限Cのように、デジタル化が十分におこなわれていて、さらにデジタルで実現したいものが描けているとすれば、その実現をすぐにでもおこなうまでである。新しいビジネスモデルを実現し運用していくためには、新しい能力(自社のミッシングパーツ)が必要になることが多い。たとえば、新しいプロセス、新しい人材(能力)、新しいビジネスパートナー、などいろいろである。それを調達するのが直近のアクションとなる。

また、象限Dのようにデジタル化は十分に実現しているが、それを活用してのビジネスを創出しなければならないという場合、新規事業創出のプロセスの整備が重要だろう。新

図表7-1　DXの方向性

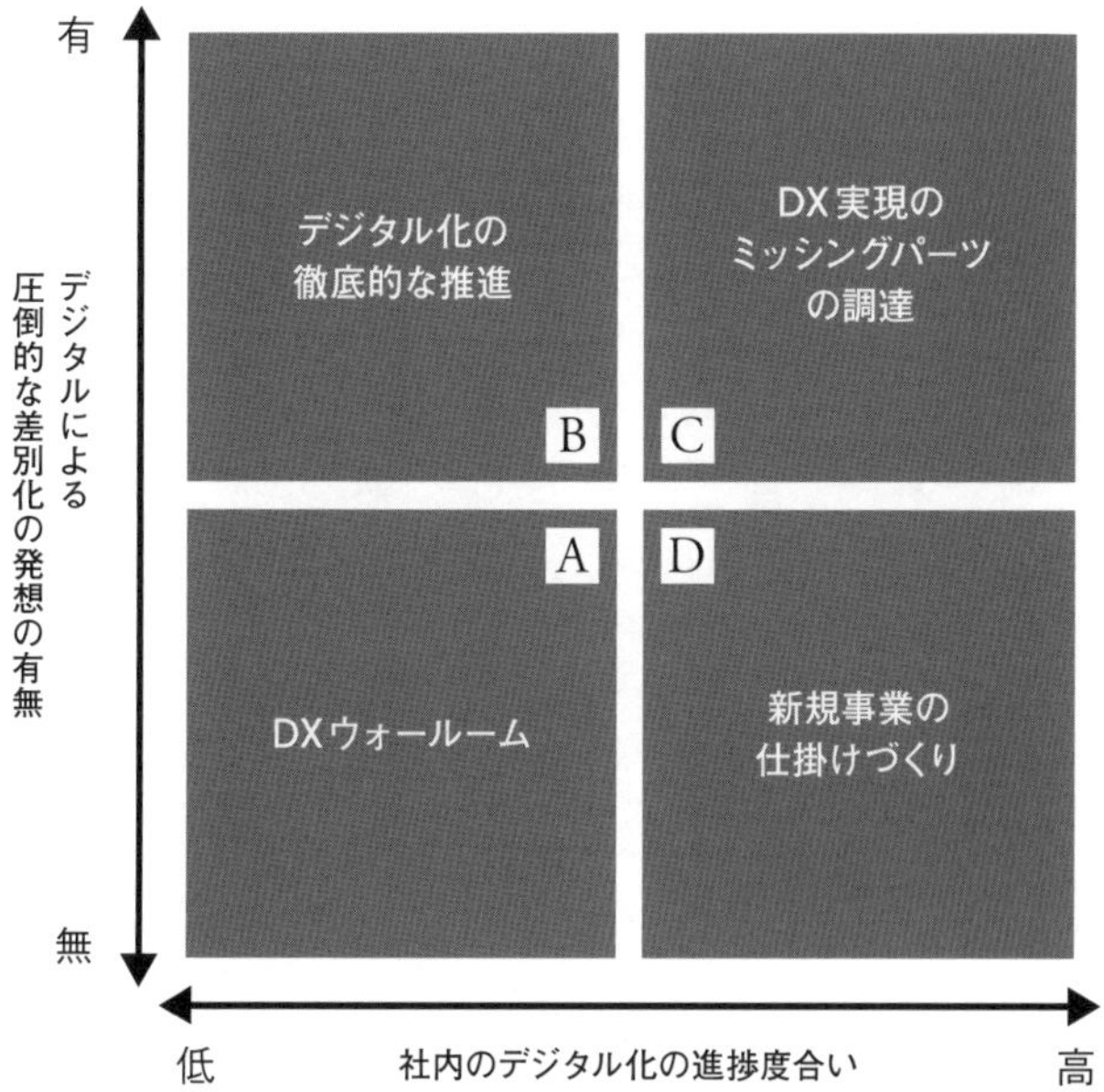

出所：Tryfunds "The Decision"

規事業創出といってしまうとやたらハードルの高い話に感じてしまうが、デジタル化が推進されているとすれば、商材のデジタル化やネットビジネス、サブスクビジネスなど、発想勝負で実行は比較的、短期間かつ小さな投資で実現させられるケースが増えてくると感じられる。

一方、デジタル化があまり推進されていない場合はどうだろうか？　象限Bは、デジタル化によるビジネスが描けているのに、社内のデジタル化が大きく遅れているいわゆる「絵に描いた餅」のパターンである。

実は、最近よく見かけるのがこのパターンである。従来からいろいろなビジネスが創出され成功する一方で、どこかＩＴの可能性を軽視していたふしがあり、いざＤＸの時代となって、相変わらずの構想力があるにもかかわらず、それが実現できないという状況である。「まずはビジネスの企画があり、ＩＴはそれが固まってから支援をおこなう」という古典的なＩＴ化の順序になってしまっている。ここは当たり前の話であるが、プロセスのデジタル化を超特急で進めなければならない。さもなければ、既存のＤＸ構想どころか、今後のさまざまな事業のアイディアも「宝の持ち腐れ」になるというものである。

最後に、象限Ａについては、デジタル化も遅れ、かつアイディアもないというものである。とはいえ「ＤＸ戦略プロジェクトの立ち上げ」をやればよいわけではない。社内調整で角は丸くなり、従来的な発想の呪縛からは離れにくいだろう。グローバル企業では、こういう状況でウォールームを設置する。少数精鋭かつ短時間でアイディアをまとめるというものである。意外にこうしたところから急進的なアイディアが生まれ、さっとその実験がスタートしたりするように思える。

DXの出口を考える意義

DXが過熱しすぎて、「DXに注力しない企業は、経営戦略のない会社」くらいの風評が起きてしまいそうな状況である。DXで何をやるかではなく、DXに着手したといえる状況をつくり出したいというように見える。こうした「DX着手中」の札があちこちに出されている中で、この質問を繰り出してみたい。

「あなたの会社のDXは、何をもっていったん完了としますか?」

その出口が明確にあるという企業は少ないような気がしてならない。なんとなくのブームの中で、デジタル化の投資を増やし、でもその発想は従来のＩＴ化からなかなか抜け出せない。

一方で「あるべき姿を考え、現状とのギャップを把握し、課題を整理する。そのうちＩＴ化で解決できるところを抽出し……」という従来型のＩＴ化の発想では、ＩＴ化は終わっても、そこにあるものには、ＤＸなる言葉が生まれてきた意義が見えない気がする。ＤＸの出口はどこにあるのか。たとえば、ＲＰＡで経理業務の効率化をしたら、それはＤＸなのか。それとも、ＧＡＦＡのように新しいビジネスモデルをつくらないとＤＸとはいえないのか。

先に述べたとおり、デジタルには破壊的な可能性があることは誰もが認めるところである。ただ、それはどんな会社にも通用するというものではなかったり、デジタルよりも重要なことがあったりする企業もあるだろう。その一方で、ここまで企業のプロセスや商材のデジタル化が図られると、デジタル化を推進していない企業はデジタル化コミュニティと接続できなくなる危険性がある。

その企業においてＤＸが既存のＩＴ化の名称変更でなく、本当の意味で始められているとすれば、それはきちんと出口が考えられていることだと思う。逆にいえば、出口を聞いてそれが答えられるとすれば、ＤＸが始まっていると個人的には考えている。

その出口が、先に述べた「RPAで経理業務の効率化」といった、ショボいといわれるようなものでも全然かまわないと思う。

ここのところメディアでは「デジタル人材1000名を中途採用」のような、IT系企業の大量中途採用の記事をよく見かける。いったん店を開いてしまった企業の「DX出口問題特需」を期待してのものだと思うのは、筆者の考えすぎなのだろうか。

第8章

戦略に「実行力」を注入する

実行できなければ、0点であるが……

「100点の戦略があっても、実行が20点なら戦略実現は20点」である。一方、「40点の戦略でも、30点の実行なら戦略実現は30点」となる。戦略と実行どちらが偉いかではなく、戦略に実行力を埋め込む必要がある。とはいえ、具体的にどうすればいいのだろうか。

戦略が機能したかどうかは、戦略単体では評価できない、という考え方がある。その実行の出来栄えに大きく依存するからだ。実現されないような大きな絵（戦略）を描いて実行に失敗するぐらいなら、身の丈を考えた戦略のほうがかえって実現性が高い……。そんな理論があるだろう。

本当にそうだろうか。誤解を承知で勇気をもっていえば、戦略とその実行は無関係だというくらいに切り離して考えるべきだ。つまり、実行にばかり目がいって、肝心の「勝つこと」に手を抜くことになるのは本末転倒だと思うからである。

もちろん、実行できなければ、その戦略はなかった（考えなかった）ことと同じである。だからといって、戦略の発想を小さくすることだけが選択肢ではないと思う。

永続する戦略は存在しない

「ウチの会社の社員には、まったくといっていいほど、危機感がない」よく経営者の方と会食などをしているときに、聞く言葉である。「それは、御社の経営がうまくいっているからではないですか?」などと冗談めかして答えたりする。

Question

あなたの会社や事業が、このままの状態だとした場合、その「X-Day(終焉)」はいつ頃来ますか?

この問いかけが出てくるのは、本書では2回目だと思う。あのときは、筆者が経営者とお会いしたときに、最初に尋ねることが多いと述べた。

不吉なことをいわれて喜ぶ人はいない。が、いってみると予想外に盛り上がったりするのがこの問いかけである。

「終焉」という言葉が、最初からダメになるのを決めつけているように感じて、ひょっとしたら経営者の方々は一瞬、気分を害するかもしれない。が、ここで確認したかったことは、「どんなに強い事業であろうと、会社であろうと、それには寿命がある」ということである。そして、重要なのは「今と同じことをずっと続けていた場合」というところである。この裏に戦略の要素が見え隠れすると思う。

当たり前だが「永遠に続く戦略」などは存在しない。でも、物事がうまくいっていると、それが永遠に続くと思ってしまいがちである。成功しているから、これは優れた戦略であると認識し、この戦略をもっと磨かなければならない、それによりさらに成功する、と思い込んでしまう。そうなれば、戦略の転機の存在などまったく気がつかないし、そんなものは永遠にこないとさえ思ってしまう。そして終焉が見えたときに大慌てする。いわゆる「イノベーションのジレンマ」である。

永遠とも思われる（思いたい）事業に終焉をもたらす要素（チェンジドライバー）の代表的なものが技術革新、法規制変更、国際情勢、消費者の成熟化（嗜好の変化）などであろう。こうした戦略の転換（ゲームのルールの変更）を余儀なくさせる要因は、日々いろいろなところで発生している。

その企業の命運を左右するようなチェンジドライバーが、遠くない将来に存在するのか、またそれが存在するとした場合、それはどのようなものだと認識されているのかを確認したい。

さらには、こうしたチェンジドライバーについて、組織全体で共通認識がもたれているか、そして、それに対する準備がどのくらい意識されているかもあわせて確認したい。

「今と同じことをしていても通用する」という状態であるなら、そもそも「戦略（経営資源の片寄せ）」は不要である。この問いかけは「戦略の転換」をどれくらい強く考えているか、いうなれば、戦略転換の必要性と緊急度がどのあたりにあるのかを確認するために使う。

チェンジドライバーにより、競争環境はリセットされる。この変化は、既存の成功者にとっては危機になるわけであるが、そのときにうまく戦略を変更できれば大きな機会になる可能性もある。

どうせ、そのままにしておけば、戦略に寿命が来て変更を余儀なくされるわけだから、いち早くそれを察知し、対応していくほうがいいに決まっている。

これができないのは、「よい戦略をつくる」ということに注力しすぎているからかもしれない。先に述べたように、戦略が「経営資源の片寄せ」だとすればギャンブルの要素がある。それに加えて、いくら成功した戦略にも寿命が絶対にくる。となれば、戦略そのものへのこだわりと同様に「戦略変更へのこだわり」が必要になると思う。

ただ、「戦略は変更していくものだ」といったところで、当たり前すぎてまったくピンと来ないかもしれない。でも実際に戦略がどんどんと変更されていっている気がしないのはなぜだろうか。それは、競合もまた戦略の変更に躊躇しているからなのかもしれない。そして、そんなときに、まったく違う感性とスキルセットをもった新規参入者にゲームのルール（業界の常識）をリセットされる。

実行の最強の触媒は危機感

筆者は、かつて日本のオーディオ企業に勤めていた。当時、全盛期だった日本のオーディオ業界は、「原音再生」（音がいい）こそが成功要因だとし、それを磨き上げた。そしてメイドインジャパンの音質は、世界を席巻した。

だがそれは、突然現れたデジタルによる圧縮音源に粉砕された。もちろんオーディオである以上、音がよいに越したことはない。だが、デジタル技術の進歩と消費者の成熟化というふたつのチェンジドライバーが、生活者に、これ以上の音質追求よりも、音楽配信やサブスクのような新しいサービスモデルを選ばせた。

実は、オーディオ企業に所属する多くの社員もそれはわかっていたし、現にデジタルオーディオ機器を密かに自分たちでも楽しんでいた。ただ「赤信号、みんなで渡れば怖くない」という言葉がその昔、流行したが、まさにそういう状況だったのだろうと思う。

そして、それでも原音再生は続いた。なぜか。それは自分たちの音質こそが「コアコンピテンシー」だと思ったからである。というよりも「戦略は、コアコンピテンシーを梃子に考えるもの」という教科書的な常識感があったのかもしれない。

勝負が決した今、「アナログがデジタルに負けた」という話でそれは表現されている。が、戦略そのものの質で負けたというよりも、戦略の転換力で負けたとしか思えない。

悲しいことに、日本人、日本企業は「楽しい話」とか「チャンス」になかなか反応しない。「ビジネスに楽しいなどあるものか」とか「チャンスに軽薄に飛びつくな。それよりも日々の地道な積み重ねが重要」という感覚なのだろうか。

逆をいえば、「危機」という言葉には敏感である。筆者が戦略コンサルティングに携わっていたしきには、提案の最初で、よく「ホラーストーリー」なるものを披露した。

簡単にいえば、ある日、業界に技術革新や法規制緩和、消費者の嗜好の変化など、チェンジドライバーが発生し、その企業が、じわじわと苦しめられ、最後は終わりを遂げるというものである。

その会社が流通業だとすれば、(架空の)顧客の声、(架空の)社員の声などを入れたりもした。それを動画にして、経営会議の席上で披露したときには、冗談抜きに、役員の中に涙ぐむ人もいた。そしてそうならないためには、この会社をどうすべきかを議論し、新しい戦略がつくられた。それ以降、「またホラーストーリーをつくってきて」というリクエストが続いた。そのつど、「皆さんどこまで苦しくて悲しい話が好きなんだろう」と苦笑いした。

話を、先の問いかけに戻そう。

さすがに、いちいちホラーストーリーをつくるわけにはいかない。一方、いくら「今後、大変なことが起こりますよ」と口でいわれても、理屈はわかるが実感が生まれない。たしかに危機感を煽る最初の頃は、なんらかの効果があるかもしれない。だが、何度もそれをやればオオカミ少年の話になってしまう。

だから、「それが起きる日(X-Day)がいつなのか」を聞いてみる。もちろん、そんな日付はわかるはずがない。でも、自社の今の戦略が永遠のものではないということをはっきりさせるためにも、「何年後」かだけは、考えておかねばならない。

単に「そろそろ時期も来たことですから、今回も戦略をつくりましょう」と、そんな気分でまとめられても意味がない。「必要は発明の母」といわれるように、戦略の見直しが肌で感じられるようになれば、アイディアも生まれやすい。そんなとき、この「X-Day」から始まる議論は効果的だったりする。

会社の野心とその道筋をシンプルに語る

第4章で述べたとおり、戦略や計画は、その組織が大きくなればなるほど複雑なコミュニケーションの末に着地している。であるがゆえに、他人に説明しようとしても、どこをどう説明するかが難しい。結局は、その戦略をデフォルメしすぎてよくあるもののようになってしまうか、数字によるコミットメントと組織の役割分担のような話になりがちである。

そんなとき、こんな問いかけをしてみる。

「あなたの会社の戦略を、『2枚の静止画』と『それをつなぐ動画』とした場合、それぞれどんな感じになりますか？」

この静止画と動画の話は、尊敬するある経営者から教えていただいたものである。この問いかけも、他のいくつかと同様、それをすぐに答えていただくことを狙ったものではなく、「なるほど、こうやって考えると、経営計画がわかりやすくなるな（説明しやすくなるな）」ということをまず認識いただくことを目的としている。

まずは、事業計画には2枚の静止画があるとする。それは現在の姿と目指すべき姿（ゴール）である。そして、その現在と未来をつなぐシナリオ、それが動画だという意味である。この動画は流れるような画質のものでなく、さまざまな戦略の打ち手のシーンで構成されているので、昔のパラパラ漫画のようにいろいろなギクシャクがある。

現在の姿はわかっている。そして目指すべき姿は、投資家の期待値であれば簡単にわかる。問題は、その戦略に実行のストーリーがあるか、すなわち動画である。本書で何度か説明しているとおり、戦略はほどほどにして、とにかくは計画（数字）だという場合には、「とにかく」という話でこの動画が退屈になる。

たとえば、かつての我が国には強力な「普及率市場」なるものがあった。何が普及していくのかというと、古くはカラーテレビや冷蔵庫、洗濯機、その後は自家用車、エアコン、ビデオなどである。新しい製品が市場に提案されると、自然にそれらは各世帯に広まっていく。そして、その普及が一段落すれば、新しい製品を市場に提案する。人口の増加と国民所得の増加が毎年期待され、国内の市場がどんどん大きくなっていく。今考えると夢の時代でもあった。

日本の高度成長期においては、毎年10％程度、市場が成長した。それは、たとえば今年100人いた顧客が来年は110人になるというものである。こうなってくると、小難しい戦略など不要である。つまりは、「戦略を練っている暇があれば、外に行って売りまくれ」というような感覚でもあった。そうなってくると人も金も設備も足りない。おまけにメインバンク制などがあって、投資家への考慮の必要性は、あまり高くなかった。つまり、成長する市場に対して不足するヒト、モノ、カネを整理してみるという意味で経営計画は重要だが、経営戦略は、極論すれば不要ともいえる時代だったのかもしれない。

こうなってくると前述の動画は、左から右に階段状に数字が上がっていくシーンで、その商材もわかりやすく描くことは簡単だったと思う。

一方、現代はどうだろうか。人口減により、黙っていれば市場は縮小していく。一方で、東南アジアの国々の技術力が飛躍的に向上し、従来の調達先や提供先という役割から、世界での競合になってきている。

普通にやっていれば縮小するし、その事業の終わりはいつかくる。モノを売るのでなくサービスやソリューション、さらにはサブスクなど商材の形態は、多様化、複雑化している。おまけに、顧客の対応は営業部門だけでなく、ECによる対応や、その延長線上にプラットフォームの概念が入ってくる。そしてDXである。ビジネスモデルの複雑化と短命化が加速する中、そこでの自社の戦略展開、すなわちその「動画」の確認が重要になってくる。

チャレンジは意外に成功している

この問いかけをすると、相手は「いやあ、だいたい失敗しているんじゃないかな」とお答えになる方が多い。

「あなたの会社の過去のプロジェクトで、もっとも成功したものはどのようなものですか？」

「だいたい失敗」という答えがくるのは想定内である。そこで「すごく過去に遡ったりしても、奇跡を起こした、なんてものはありませんか？」と尋ねる。そうすると不思議と出てくるものである。

こうした話に共通するのは、突如現れたヒーロー、ないしはちょっと風変わりな人（プロジェクトリーダー）、そして、組織としてその決断をおこなった人物である。

こうなると次の問いかけになる。

「今の状況で、そのプロジェクトの関係者が集まれば、どんなこと（奇跡）が起きそうですか？」

もう何回もこの質問をしてきている筆者としては、なんとなく相手の最初の反応が読めそうになる。「うーん、今の実情を見たらその過激さで、みんな辞めちゃうんじゃないの」と冗談が入る。

そして「そうだなあ、たとえば」と話が始まる。その内容は、こういう商品が出せるだろうとか、こういう仕組みを構築してプラットフォーマーにチャレンジしていただろうとか、グローバル人事の統合がおこなわれていただろうとか、さまざまである。裏を返せば、その企業が本来やらなければならないこと、実現しなければならないこと、すなわち現時点での課題と戦略のアイディアの断片が出てくる。

ちょっと話が変わるが、最近、「プロジェクト」という言葉が、以前に比べて妙に軽くなってきたと思ったりする。何か解決できないことがあると、すぐにプロジェクトとなる。最近、「プロジェクト」の勉強を開始した新卒スタッフが、「プロジェクトとは」みたいな感じで禅問答している風景を目にした。その彼に「プロジェクトといえば何が頭に浮かぶ?」と尋ねると、即座に「アポロ計画です」と返ってきた。

選挙公約で、宇宙開発においてソ連を超えることを謳っていたJ・F・ケネディが大統領に選出され、いわゆる国威発揚のためにアポロ計画は始まった。しかし、いざ取り組もうと思えば、技術にくわしいわけでもなく、予算も莫大で二の足を踏む状況になった。当時の副大統領のメモによれば、「アメリカはまだ宇宙開発でリーダーシップをとるための最大限の努力もしていないし、結果も出していない」とある。そして「頑張れば1967年には月面に行けるかも」という粗い話のみが存在したという。

ただ、ここは考えようで、結局、「有人月着陸には時間がかかるからアメリカにもチャンスがあるかもしれない、ならば挑戦しよう」となり、その決断が有名な演説で説明されることになる。デッドラインだけ決め、莫大な予算によって１９６９年に月面着陸を達成した。

こう考えると、やはりプロジェクトは「決断」なんだろうなと思わせられる。

たしかに大企業ではここでいっていることは難しい。本書でもよく述べることだが組織の底辺には感情が流れている。関係する人間が多ければ多いほど、感情の種類も多く、そのハンドリングは難しい。すべての議論について、合理的な理由を考え「判断」に持ち込むのには無理がある。やはり決断だが、会社に致命傷を与える「X-Day」がいつかくるのは必至であるものの、それは今でないので、どうしても先延ばしになっていく。

一方、中堅企業はどうか。日々、機会と脅威のジェットコースター状態。ただし、巨大企業ほどの制約はない。その分、戦略の選択肢は広い。しかしながら、いくら選択肢が広がるといっても、大企業のようにコンサルタントを雇い、彼らの方法論で数カ月を費やして戦略を練るなどあり得ない。

今でなくても、将来的に会社の存亡を左右するものなら、「やる」「やらない」の議論をしている場合ではない。逆にいえば、「やる」「やらない」の決断さえできれば、あとはどう実行するかを考えるしかなくなる。

そして、視点を変えれば、「不可能を可能にする」というチャレンジは、古今東西、やっぱり若者を魅了するものだと思う。それにチャレンジしたい人間が多ければ実行可能性が高くなるとも考えられる。

鶏と卵の議論になってしまうが、ビジョンや人材戦略といった、若者やナレッジワーカーを広く集める仕組みの構築には、時間がかかる。でもこれは、いずれやらなければならなくなるし、放置すれば、ある日、組織に致命傷を与えてしまう「置き去り問題」である。いつか現れるかもしれない英雄を待つのではなく、まずは第一歩を進めるべきだと思う。そしてその第一歩は、実行を気にするあまり、できずにいる「決断」をするところから始まるかもしれない。

戦略実現は、誰に委ねるか

DXの議論のところで似たような話をしている。

Question

今回の戦略の実現を、既存の組織分掌を考えずにとにかく最適な人間に任せるとした場合、誰にやらせたいですか？

この問いかけは、戦略を実行するにあたり、「どこの部署が所轄か」など関係なくまずは「誰に任せてみたいか」を確認するためのものである。

人はいつでも誰かに認められたいと思っている。「たまたまその部署にいたのでこんなチャレンジの貧乏くじを引かされた」と思われるよりも、その人しかいない、とお願いにいって「よく任せてくれました」といわれるほうが断然実行力は高いはずである。

ただ、著者の意図に反して、「本来は若手の誰かにやらせたいんだが」とお答えいただくことがある。もちろん、将来有望な人間に成長機会を提供したいという場合もあるが、筆者のような部外者に、そんな簡単に「本当はあの人間だが、組織上、この人間にせざるを得ないんだよ」とはなかなか告白いただけなくて、お茶を濁される場合がある。

「本当は○○」と、私が知っているか知らないかは別としてズバッと固有名詞がくる場合もある。「ではなんでその人にしないんですか？」と尋ねると、「なるほど、そりゃそうだな。話をしてみるか」となるケースを何度も見てきた。

一番おもしろかったのは、「ちょっと待っててくれる」といって経営者が席を立ち、数分後、ある管理職の方が本当に袖を摘まんで連れられてきたことだ。こんな感じでアサインされれば、本人のモチベーションは最高潮だし、何か相談があったらその経営者とのホットラインがある。コミュニケーションプランとかチェンジマネジメントプランとかをせっせと紙にまとめているよりも、よほど現実性があるように思える。もし新しい戦略の実行体制が確定していないなら、ぜひこれをおすすめしたい。

完全な余談であるが、筆者はきわめて重要な仕事を他人にお願いする場合には、「一番忙しい人」にお願いすることにしている。優秀な人には、多方面から仕事の依頼がくる。だから忙しいに決まっている。となれば、優秀な人を探そうと思ったら一番忙しい人を探せばいいという理屈になる。ただ、忙しい人は、他の仕事をする余力がない人でもある。

だからその人にとっての優先順位を上げてもらうべく工夫をする。「なぜ、あなたでないとならないのか（他の人にない優秀な技能やリーダーシップをもっている）」「お願いしたいこの作業は、会社にとってこんなに大きな意義をもっている」という感じもあれば、ときには「これは（あなたの上司の）○○専務が大変な興味をもっている」といった姑息な方法を使ったりしないこともない。

ミニマム戦略問答——自問自答のすすめ

本書では、これまでいろいろな「問いかけ」を披露してきた。ただ「ここに書かれている問いかけをすれば、戦略はすぐにつくれる」という「インスタントな戦略策定手法」を説明したかったのではまったくない。

戦略立案には定型化された方法などあり得ない。決められた手順なんかで、差別化された戦略はつくれないと思う。ただ、戦略を広義にとらえれば、市場分析や競合分析などの調査タスク、事業計画化、実行プロジェクトの整備など、標準化が可能な部分もある。

一方、どうしても標準化できないものが「発想」の部分である。発想するためには、脳にスイッチを入れなければならない。そのためのオープンクエスチョンである。非日常的な問いかけにより、今までになかった脳の部分を刺激し、心や頭の奥底にあった疑問や発想を呼び起こすということである。

ここでひとつ、その効用に懐疑的な方のために、いくつかの問いかけを考えてみた。読者の皆さまが、ご自身の所属する会社の戦略についてお答えいただくとすれば、どうなるだろうか。

①自分の会社ないしは組織が、もし今のまま何も変わらず、ずっと事業を続けた場合、その終焉（X-Day）はいつ頃来るのか？
②その終焉をもたらすチェンジドライバーは何か？
③そのチェンジドライバーを、脅威でなくビジネス拡大の「機会」と考えるとしたら、どのような発想が浮かぶか？
④それを実現させるためのミッシングパーツ（不足する機能や能力）は何か？

チェンジドライバーという言葉を、本書でも何度か使っているが、これはかっこよくいうと「従来からのゲームのルール（常識）を変化させてしまうもの」。典型的なものは技術革新、規制緩和、国際情勢の変化など。それ以外にも、顧客の嗜好の変化（成熟化）などである。最近では、新型コロナウイルス感染症が一瞬で世の中の価値観やルールを変えてしまったが、こうしたパンデミックや災害なども、有力な新しいチェンジドライバーになってきている。

もしチェンジドライバーが何もないとすれば、戦略は不要だし、ましてやウォールームなど意味がない。単に、計画だけをつくっていればよいことになる。

先のたった4つの問いかけでも、これらを自問自答していると、なんとなく戦略の輪郭が浮かんでくる。そんな体験をしていただければうれしい。

さらには、市場の整理、競合分析、課題の整理……、といった紋切り型の方法でおこなった「戦略の取りまとめ」によるものとはまったく違う感覚を覚えていただけるのであれば、こんなに幸せなことはない。

誰にでも戦略策定の機会がある

企業の戦略策定プロジェクトに招聘されていないから、自分は戦略立案とは関係ない仕事をしている。そんな誤解をしていないだろうか。

冒頭にも述べたが、戦略立案は、経営者や経営企画部だけのものではなく、誰にでもその機会がある。さすがに経営戦略となれば経営者のものだが、事業部には事業戦略、その下の組織でも、新規事業戦略、アライアンス戦略、顧客戦略など、企業のあらゆるところに戦略がある。

また、本書のテーマは、いわば「経営戦略の立案を経営者に大政奉還する」ものだとも語った。もし、あなたが組織の長であるとすれば、その組織の経営者はあなたである。

本書では、経営者から、その潜在的なインテンション（意思）を確認したり、心のどこかにあったビジネスモデルやプロセスのアイディアを炙り出したりするために、いくつかの問いかけを披露した。この問いかけは、別に他人に問いかけるためだけのものではない。もしご自身が、会社もしくは自部門のリーダーであれば、自問自答に活用いただければいい。そして、もっとも効果的なのは、少人数／短期決戦で戦略を立案するときである。もし戦略ができているとすれば、この問いかけには答えられる。

もっといえば、その問いかけに答えていけば、自然と戦略の仮説が完成するというものだ。仮説ができれば、あとはデータを収集し検証や修正をおこなえばいい。

繰り返しになるが、企業や組織においていくら戦略が重要であるとはいえ、その立案に時間をかけることには疑問がある。個人の一瞬のひらめきと、少人数のメンバーでの議論と磨き込み。紙にまとめるとすれば2、3枚程度。戦略立案の手順の存在などには期待しない。発想は大真面目におこなうが、発想方法はこうした不真面目でいいと強く思う。

短時間少人数だから、角が丸くならない。そして短いからこそ品質が高い。

10のセントラルクエスチョン

Q1

この戦略の成功により、社員はどのような恩恵を受けますか？

Q2

現在の組織にある課題がすべて解決したとしましょう。あなたの会社は何が実現できているのでしょうか？

Q3

もし、あなたの会社が、今、突如この世から消えたら、誰が悲しむでしょうか？

Q4

あなたの会社や事業が、このままの状態だとした場合、その「X-Day（終焉）」はいつ頃来ますか？

Q5
あなたの会社は新しい戦略を策定されましたが、それにより、どこが弱くなりますか？

Q6
あなたの会社の社員は、自分のお子さんたちを、自分の会社に入れたいと思っているでしょうか？

Q7
あなたの会社でのかつての「南極探検」はなんですか？

Q8
あなたの会社が「世紀の大番狂わせ」をするとしたら、それはどんなものでしょうか？

Q9
あなたの会社の社員が他の会社に移られた場合、その方々は大活躍する予感がありますか？

Q10
今回の戦略の実現を、既存の組織分掌を考えずにとにかく最適な人間に任せるとした場合、誰にやらせたいですか？

おわりに

正直いうと、この本の企画をするまでに、少々勇気と勢いが必要だった。

執筆しながら、本企画を後押しいただいた幾人かの経営者の皆さまの顔が目に浮かんだ。彼らは共通して「戦略の策定は（おまえさんがいうような）プロジェクト形式なんかでやっていないよ」と私にいう。つまりは戦略は「一瞬のひらめき」であり、大勢が集まって議論する必要はないどころか、大勢で集まればアイディアは殺される。長い時間をかければ集中力は欠如し、網羅的ではあるが焦点がボケてくる。一瞬でつくり上げ、あとは現場に議論を持ち込めばいい。そこで、思いも寄らない無理に気づかされたり、抜本的な考え違いが判明したりもする。その場合には、元に戻ってまた短期間で議論をすればいい。そんな話をされる。

ただ、多くのコンサルティング会社では、やはり多くの人材を巻き込み、数カ月をかけて戦略立案をしている。これを否定するつもりはない。たしかに、戦略を広義にとらえれば、市場や技術などの調査から始まり、最後は実行計画の策定みたいなところまでを含むだろう。そうなれば、優に数カ月はかかる。ただ、この工業化され、細かく定義されたタスクをこなしていると、どうしても考える部分が疎かになりがちである。

今回の40分というのは、狭義の戦略部分、つまり発想の部分の時間である。少人数、特に短期間でないと考えることができないと思う。そして、そこには議論の呼び水や検証のためのツールが必要だと考え、まとめてみることにした。

文中、いろいろな「問いかけ」を紹介させていただいたが、本書が、単なるインタビューの手法論の話だという誤解が生じないことを切に願っている。

本書を執筆している今、まさにコロナ禍にいる。経済が混乱し、ビジネスの世界は大混乱である。そんな中で本書を書くことができたのは、ビデオ会議が主体となる中で通勤や移動時間の削減ができ、その分、執筆時間が確保できたからであり、実はニューノーマルによるものだというのは、皮肉である。

ポストコロナがどういう世界になるかはわからないが、さすがに大勢を呼んでの「戦略立案に数カ月」は非常識になっていると思う。

本書の冒頭で述べたとおり、「戦略は短期間でかつ少人数でつくったほうがいい」という仮説検証を、トライファンズ社に支援いただいた。代表の丹野裕介さんをはじめ、山崎直久さん、久保伊求馬さん、和氣左知子さん、川島知之さん、荻原健杜さん、福田泰三さんのご協力に深く感謝申し上げたい。若い彼らの発想とエネルギーと支援なしにこの報告をさせていただくことは絶対に無理であったと思う。

何より、そもそもの発想を与えてくださったシグマクシス・ホールディングス会長の倉重英樹さま、プラス会長の今泉嘉久さまにお礼申し上げたい。

また、本書のコンセプトに賛同いただき、いろいろな局面でアドバイスいただき、さらには心の支えになっていただいた、ローランド・ベルガー元日本代表の森健さん、ジャパン・マネジメント・コンサルタンシー・グループ合同会社の大野隆司さんに深く感謝申し上げたい。執筆中、筆者の脳に何度も新しい刺激を与えてくれた緒方博行弁護士にもお礼申し上げる。

そして、本件を執筆するに際し、さまざまな面で支援してもらったGX社の私の大切な仲間たち、渡辺和子さん、水野かおるさん、臼井慶太さん、顧問の渡辺章博さんに感謝したい。特に、臼井さんには、他のプロジェクトが佳境の中、精力的な支援をいろいろともらった。

いつものことであるが、日本IBMの國生恭子さんには、全体構成、論理矛盾の有無の確認、表現方法など、さまざまなアドバイスをいただいた。いつもながらの献身的なご協力に深く感謝したい。この人の支援なしには本書はまとまらなかった。

最後になるが、本書をまとめるにあたり、いつも私のコンテンツを新しい角度で切り開き、進むべき道を提示いただき、いつでも親身に、そしてときには厳しく指導いただいた、東洋経済新報社の黒坂浩一さんに最大限の感謝をしたい。

【著者紹介】
金巻龍一（かねまき　りゅういち）
GX代表取締役
元日本IBM常務執行役員
アクセンチュア、PwCコンサルティング、IBM戦略コンサルティンググループ、GCAなどにおいて、20年超にわたり戦略コンサルティング業務に従事。専門は、新規事業開発、B2B営業改革、グローバル戦略、ポストマージャーインテグレーション（PMI）、グローバル人材戦略。2002年のIBMによるPwCコンサルティング買収の際、PwCコンサルティング側統合リーダーを務め、当事者として経営統合を体験。その後、日本IBMにて、10年間にわたり「戦略コンサルティンググループ」を統括。2012年からは日本IBMにおけるグローバリゼーションサービス責任者を兼任。
2013年IBM卒業後、内田洋行の特別顧問就任。ワークスタイルコンサルティングの立ち上げに従事。2014年GCA参画。「戦略・PMIサービス」事業の立ち上げに従事。2018年GCA退職後、新規事業開発の専門会社としてGXを設立し、現職。早稲田大学理工学部卒業、同大学大学院修士課程修了。
主な著書に、『外資系コンサルタントの企画力』（東洋経済新報社）、『企業統合』（共著、日経BP社）、『カリスマが消えた夏』（共著、日経BP社）、『Smarter planetへの挑戦』（監修、講談社 MOOK）など。

URL　https://www.gxjapan.com

戦略質問
短時間だからこそ優れた打ち手がひらめく

2021年11月11日　第1刷発行
2023年 8 月22日　第4刷発行

著　者——金巻龍一
発行者——田北浩章
発行所——東洋経済新報社
〒103-8345　東京都中央区日本橋本石町 1-2-1
電話＝東洋経済コールセンター　03(6386)1040
https://toyokeizai.net/

カバーデザイン……秦　浩司
D T P…………岸　和泉
印　刷…………ベクトル印刷
製　本…………ナショナル製本
編集担当………黒坂浩一
　ISBN 978-4-492-55806-5